湛庐CHEERS

与最聪明的人共同进化

HERE COMES EVERYBODY

自我肯定，父母给孩子一生的礼物

子どもの自己肯定感は親のひと言で決まる！

[日]成田奈绪子 著
管秀兰 译

浙江教育出版社·杭州

自我肯定感的发展
从育脑开始

自我肯定感是近年来颇受关注的一个词，越来越多的父母希望孩子成为具备高度自我肯定感的人。但是，到底什么是自我肯定感呢？无论男女老少，当被问及这个问题时，回答不外乎以下几种：“充满自信。”“能够接受真实的自我并保持自我。”“悦纳自己。”

诚然，能够做到悦纳、珍爱自己非常重要，但根据我作为儿科医生、脑科学研究者多年的临床经验来看，以上回答显然是不够的。

为了能让大家更直观地明白“不够”在哪里，我想先给大家讲一件自己亲眼看到的事。

一对母子并排坐在电车里，男孩身上穿着某私立小学的制服。坐了一站，一对母女上了车，女孩看起来像是男孩的同学。男孩的母亲立刻站起来让座，可后上车的女孩只是面无表情地坐下，一句话都没有说。

两个孩子仰倒在座位上看着漫画书，两位妈妈则一边提着自己孩子的书包，一边不厌其烦地说着：“作业都放进去了吗？”“糟了，你忘了用橡皮擦把草稿擦去了！”“水壶放在这儿了。”……可孩子们根本没有理会两位母亲的话，甚至都没看一下她们的脸，一直到我最终下车，他们都是这样。

让我们一起来讨论一下这个例子。这两个孩子，毫无疑问会成为悦纳自己的人吧，为什么呢？大家看，他们在成长过程中，是不是被当作“国王”“女王”一样小心翼翼地呵护着？所以，他们自然会认为自己很重要。

可是，他们长大后真的能够成为自我肯定感很强的人吗？恐怕会有很多人把头摇得像拨浪鼓一样吧！那么，这又是为什么呢？答案就是：孩子所收获的这种悦纳自己的感觉，并非我们所指的真正意义上的自我肯定感。

那么，真正的自我肯定感到底是什么？要培养出具备真正自我肯定感的孩子，我们应该怎么做？为了达到这个目的，必不可缺的又是什么呢？这些问题的答案就在本书之中。我会把培养孩子的自我肯定感与促进孩子大脑发育相结合，为读者一一揭开面纱。

自我肯定感的培养与大脑的发育密切相关。实际上，如果孩子的大脑发育正常，即便没有刻意培养，孩子也会成长为具备真正自我肯定感、聪明且生命力旺盛的人。

为了孩子光明的未来，父母理应加倍努力，但只有用对了方法，才算是真正地尽力了，才能让孩子茁壮成长。

让我们一起享受促进孩子大脑发育和培养孩子自我肯定感的过程吧！

你了解什么是自我肯定感吗?

扫码鉴别正版图书
获取您的专属福利

扫码获取全部测试题及答案,
一起了解自我肯定感的
真正含义。

- 自我肯定感就是相信自己、悦纳自己的自信心吗?

  A. 是

  B. 不是

- “我自己养活自己,自己解决所有的事,无论在经济上还是精神上都很自立”,这样的人是具备自我肯定感的人吗?

  A. 是

  B. 不是

- 有调查显示,日本孩子的自我肯定感普遍偏低,最主要的原因是:

  A. 学业压力过大

  B. 睡眠严重不足

  C. 人际交往过于单一

  D. 很少得到大人的鼓励

扫描左侧二维码查看本书更多测试题

目 录

第 3 章

提高孩子的自我肯定感，怎么说是关键 071

为什么要培养孩子的自我肯定感

什么是自我肯定感

如果有自我肯定感理解测试，你也许只能得总分的一半

自我肯定感，通常被认为是人在社会中的基本生存能力之一，大家应该都希望自己的孩子自我肯定感强吧？

但事实证明，当被问到“什么是自我肯定感”时，几乎没有人能给出准确的答案，大多数人可能会这样回答：

- 非常喜欢自己，充满自信。
- 相信自我，勇于挑战未知的事物。

- 了解自己的优缺点，能够完全接纳自我。
- 在任何情况下都不气馁，而是坚信“我能行”。
- 即便失败了，也能够依靠自己的力量重新振作起来。

按以上几点衡量，拥有很强自我肯定感的人应该有很多。这些表现当然没什么原则性问题，因为，所谓的自我肯定感，的确可以从字面上理解为某人对“自我”充满“肯定”。

从心理学角度，我们可以把自我肯定感归纳为以下 6 个方面的内容：

- 能够看到自己的价值（自我认可）。
- 接纳自我（自我接纳）。
- 认为“我能行”（自我肯定）。
- 相信自己（自信心态）。
- 能自己做决定（自主意识）。
- 认为“我对某事（某人）有用”（自我价值）。

因此，像前面讲到的，如果某人具备“喜欢自己，充满自信”“相信自我，勇于挑战”“在任何情况下都不气馁”“能够从困境中振作起来”这些能力，就认为其拥有自我肯定感，似乎并无不妥。

不过，很多成年人身为监护人，虽然口头上说着希望自己的孩子成为具备高度自我肯定感的人，但他们自己对此的理解却存在很大偏差。严格来说，他们就属于只能在测试中得一半分的那类人。

那么，他们到底存在哪些不足呢？

在讨论这个问题之前，我们先思考一下：为什么自我肯定感非常重要？

没有人能不依靠他人独自完成自己的事

人们之所以普遍认为自我肯定感越强越好，是因为它是人们在社会上自立自强、获得幸福生活所不可或缺的力量源泉。

在社会生活中不可或缺的能力有很多，比如交际能力、自制力、忍耐力、创造力、想象力、共情能力、利他能力、克服困难达成目标的能力，等等。拥有了这些能力，实现自强自立，获得幸福生活的可能性就会大大提高。

这里有一个词特别值得关注，那就是“社会”。众所周知，社会是个体的人聚集在一起形成的，所以毋庸置疑，人际关系至关重要。

尽管有时候我们意识不到，可事实上，没有一个人能够完全不依靠他人完成自己的事。仔细想来，人生活在社会上，在很多方面都需要借助他人的力量。

当然，的确有很多人看起来似乎完全是靠自己而活的，他们自己照顾自己，能独自处理好所有事情。他们觉得：“无论在经济上还是精神上，我都很自立。”可能还会说：“我自己养活自己，自己做饭，自己解决所有的事。”但仔细想一下，事实并非如此，因为要实现他们这种生活状态，其实要借助很多他人的力量。

为了养活自己，他们必须身处能够提供工作机会的环境；虽说他们会做饭，但只要不是完全的自给自足，还是需要别人提供原材料。总之，无论是工作还是生活，几乎没有人能够完全不依靠他人。

同样，我们在使用“自立”这个词来形容某人的自我肯定感时，也经常会在无意中忽略他者的存在。

“喜欢自己，充满自信”“相信自我，勇于挑战”“能够从困境中振作起来”，这些都是提高人的生存能力所必备的素质。但与此同时，如果我们忽视了与他人协调共生的能力，也不能在生活中收获幸福。

作为自我肯定感的一部分，那种认为“我对某事（某人）有用”的自我价值感，的确需要在和他人交往的过程中逐步获得。

自我肯定感的真正含义

一个人无论多么喜欢自己，无论有多么坚定不移的自信，如果在生活中不能处理好与他人的关系，我们就不能说他的自我肯定感很强。

充满自信是好事，但如果凡事以自我为中心、固执己见、不能体谅他人，那他应该不是自我肯定感很强的人。

举个例子，某人特别讨厌吃豌豆，甚至认为世上就不应该存在这种食物，但在某次宴会上，主人却用亲手做的豌豆饭盛情招待他。这种情况下，他该怎么办呢？是否可以毫无顾忌地说“我不吃豌豆”，然后在主人面前把豌豆全部挑出来呢？这样做显然不合适。恐怕他应该考虑一下主人的感受。

无论多么悦纳自己，如果遇事不考虑他人的感受，只能被称作“以自我为中心”。这种表现，乍一看似乎自我肯定感很强，其实只是自以为是罢了。

如果用这种对自我肯定感一知半解的态度来教育子女，那最后培养出的，恐怕也只是自以为是的孩子。

很多人的观点是：孩子做得不够出色没关系，只要对自己的缺点有足够的认知就好，因为我们就是希望培养出善于接纳真正自我的孩子。其实，处于这种认知水平的父母，也是那些在测试中只能得到一半分的人，他们很难培养出具备真正自我肯定感的孩子。

具备真正自我肯定感的人，在人际交往中，一定会适时地站在对方的角度看待问题。

所以，虽说能够接纳自我、保持真实的自我非常重要，但我们也要避免培养出那种会毫无顾忌地把豌豆挑出来、自以为是的人。

如果父母想让自己的孩子成为自我肯定感强的人，在这种情况下，重要的是引导他们在想“我讨厌吃豌豆”的同时，也能站在对方的角度来思考，带着“主人是特意为我们做的豌豆”的想法尽量吃光，最后再说一句“真好吃”。

实现“对己”与“对人”的协调统一，才是满分的自我肯定感

具备真正自我肯定感的人，能够认识到自己的优点与缺点，并能与他人互帮互助，创造出令自己和他人都感到舒适的关系。也就是说，能够把“对己”与“对人”协调统一的人，才真正具有可以打满分的自我肯定感。

在进行自我肯定感的实际测试时，除了“能否完全接纳自我”“请说一下对于自我实现的态度”“生活中是否有充实感”这类明确针对自身的问题，还一定配套有“能否信任他人”“能够积极与他人交往吗”“请说一下对待他人评价的态度”这些与他人有关的问题。

也就是说，正确认知与他人之间的关系本身也是自我肯定感的组成部分。希望提高孩子自我肯定感的父母，请一定不要忽略这一点。

在日常生活中，要使孩子逐步形成高度的自我肯定感，

培养他们主动关注他人的能力是非常重要的。

如果一个人越来越相信自己被周围的人所需要、对社会有意义，就说明他的自我肯定感在不断提高。

在家庭教育中，不少父母过度专注于对孩子“自我”的培养，一心想培养出悦纳自己的孩子，却往往忽略了教导他们如何正确地与他人交往，这是不可取的。

请牢记：在悦纳自己的同时，又能够与他人保持良好的关系，才是孩子自我肯定感养成的关键。

如何培养出能在困境中说出“我能行”的孩子

自我肯定感是使人从困境中振作起来的力量源泉

很多人都期待自己的孩子能够健康成长，悦纳自己，充满自信。他们会说：“希望孩子无论在什么情况下都不会气馁，无论失败多少次，都有力量勇敢地振作起来，继续挑战。”

这里所说的“力量”，用专业术语来表述就是“恢复力”。

近年来，很多人认为具备较强的“恢复力”是孩子将来进入社会后能够得心应手的重要保证。

人生并非总是顺风顺水、充满快乐，相反，任何人在现实生活中都会碰到困难与挫折，甚至会崩溃。此时，如果不能主动想办法克服，不仅可能引发身体不适，甚至还可能被困难击倒、一蹶不振。即便不至于如此严重，也可能令人长时间郁郁寡欢，丧失活力。

避免出现这种情况的诀窍就是，要帮助孩子从小养成高度的自我肯定感，因为人的恢复力与之密切相关。

以“我能行”的心态来克服困难与挫折

如果一个人的自我肯定感很低，自然就对自己的能力信心不足，无法确信能否依靠自身的力量克服困难、跨越逆境。也就是说，为了培养孩子的恢复力，首先要使其具备无论何种境况下都不气馁、相信“我能行”的能力。

在养育孩子的过程中，需要特别注意的事项有很多，但在孩子 6 岁之前培养其自然地说出“我能行”以及“没问题”的能力至关重要。

如果孩子从小就拥有对自己说“我能行”“没问题”的能力，那么，以后他们情绪低落、遭遇失败，甚至陷入大的困境时，也能自我安慰——“失败而已，又不会死”“这次不行，下次一定想办法做好”“没问题的，下次一定能行”。如此这般，孩子自然会成长为一个恢复力很强的人。

相信自己肯定会得到他人的帮助同样重要

这里需要注意，重新振作并非只能依靠自我。有些困难我们可能自己无法解决，这时就该向他人求助。我们称这种寻求帮助的能力为“社交能力”，它也是一个人恢复力的重要组成部分。

除了具备“即使失败也能重新振作起来的能力”，拥有“在陷入困境时，一定会有人来帮助”的信念也是不可或缺的。

至此，形成自我肯定感的另一半，也就是与他人交往的能力，在提高恢复力方面的重要性就逐步显现出来了。

自信而又信任他人的孩子在遇到有一定困难甚至棘手的事情时，第一反应往往是“没问题，总会解决的”这种积极的思维模式。

同时，因为他们信任他人，在遇到无法完全依靠自身能力解决的问题时，也会积极借助周边的力量。

并且，因为他们深信问题可以得到解决，就不会过度不安，以致情绪崩溃。即便问题最终无法解决，他们也不会勃然大怒，更不会怪罪或攻击他人。

情绪稳定的人更容易拥有良好的人际关系。事实上，无论是自我肯定感还是恢复力，都是在与他人的良好互动中不断螺旋式上升的，人们需要具备类似“我能行”的思维模式。同时，我们应该意识到，自我肯定感和恢复力的形成并不能一蹴而就，因为人的思维模式在不同年龄段的发展程度不同，其特点也不同。

所以，要想培养出自我肯定感和恢复力都很强的孩子，了解他们在不同年龄段大脑的发育程度并以科学的方式应对，是十分重要的。

自我肯定感的发展与大脑的发育紧密相关

“思维模式”及“心情”均源自大脑

前面我们谈到，只要拥有“我能行”“没问题”这种积极的思维模式，自我肯定感和恢复力一定不会差。而要形成这种思维模式，就不能不关注它与大脑的关系。

那么，思维模式到底是什么呢？事实上，它源于大脑活动。

关于思维模式的解释或定义可以说是五花八门。因喜欢或讨厌而做出不同表情，采取不同的措施和行动，理解对方的心情，表现出温柔、体贴的态度等，这些我们称为“思维模式”或“心情”的东西，都产生于大脑活动。

作为儿科医生和脑科学研究者，我经常谈到一个观点：育儿即育脑。如果一个人从出生开始大脑的发育持续而健全，他自然会成长为自我肯定感很强的人。不管是在多愁善感的青春期，还是步入社会后的成年期，他都会充满自信，同时也信赖他人。

大脑发育健全，孩子就能够在生活中主动思考、正确行动，并不需要父母苦口婆心地劝导。即便父母疏于教导，他们也很少会误入歧途。

那么，如何让大脑持续健康地发育呢？其实，育脑是有诀窍的——只要顺着大脑发育的顺序培养即可，因为大脑的生长、发育及不断健全，是分阶段完成的。

如果顺序被打乱，或者某个阶段被忽略，大脑就会发育不足，最终影响到人的思维模式。

自我肯定感的形成也是如此，需要按照大脑的发育过程，把以自我成长为核心的基础发育阶段，和与他人建立联系的高级发育阶段区分开来。

之所以这么说，是因为人的大脑组织中与自我肯定感关系最密切的部位是额头附近被称为脑前额叶的区域。人的脑前额叶在 10 岁之后才能发育成熟，是大脑中最后发育完成的区域。

10 岁之前，如果大脑的其他部位发育良好，就能为脑前额叶的发育成熟打好基础。

大脑是一个类似两层楼建筑的结构

如果我们由下至上地观察大脑结构（见图 1-1），会发现它由上下两部分组成，分别是旧脑（下层部分）和新脑（上层部分）。

图 1-1　大脑结构示意漫画

前面我们谈过，要遵照大脑的发育顺序来培养孩子，那么，我们首先要做的就是使旧脑得到良好的发育。

新脑在发育过程中会尽量把旧脑完全覆盖。如果把大脑比作一个两层的建筑，那么包括地基在内的一层及以下的部分就是旧脑，二层部分则属于新脑。

生命之初，大脑的发育就开始了，首先发育的是旧脑，然后才是新脑，这个顺序一定不会错。这就像盖房子：只有先牢牢建好地基和一层，才能建二层，最后完成连接各层的楼梯和电灯线路等，这时房子才算盖好了。

从脑的结构来看，旧脑由脑边缘系统、下丘脑和脑干组成，控制人类自主神经作用下的睡眠、饮食、呼吸等基本生命机能。另外，愤怒、恐惧等源自人类本能的生理性情感也由此处产生。换言之，维持生命体存续所不可或缺的活动，都由旧脑负责。旧脑也是所有动物都拥有的大脑结构。

与此相对应，新脑是被称作“新皮质”的部分，控制着人类的语言表达、知识习得和全身运动，类似手指尖等微小部位的活动也包括在内。我们日常生活中学习、说外语、运动、弹钢琴等活动的实现，均与新脑的机能相关。

与自我肯定感相关的脑前额叶也是新脑的一部分，它掌管着情感、思考、判断、理解等人类所独有的高级思维活动。

父母的首要目标是帮孩子养成良好的生活习惯

我们称实现人类生存所必需的旧脑部分为“生理之脑”，称控制着知识、语言、情感、思考部分的新脑为“智慧之脑”，同时也称控制着人类反应、类似连接一层与二层的楼梯以及电灯线路部分的大脑回路为“精神之脑”。

大脑是在孩子的不同年龄段，按照生理之脑、智慧之脑、精神之脑的顺序，分三个阶段先后发育成熟的。所以，父母首先应该做的，是在孩子 0 ～ 5 岁这个年龄段，认真帮他们顺利度过生理之脑的发育阶段。这个阶段的首要目标是，让孩子养成按时作息、科学饮食、积极锻炼等良好的生活习惯。

具体来说，包括以下 5 个部分：

- 晚上 8 点之前上床睡觉。
- 太阳升起的时候起床。
- 饿了就好好吃饭。
- 通过适度运动，锻炼神经的反应能力，保持身体健康。

- 提高身体自主调节功能，以适应冷热寒暑等气温与环境变化。

当然，除了以上的目标，为了让孩子拥有“我是被认可的”“我是被关心和爱护的”这种高度的安全感，拥抱等身体接触，以及“我好喜欢你啊”“你很重要”这样的言语交流也非常重要。

孩子从父母那儿得到的绝对安全感，有利于他们形成“我喜欢自己”“我能行”这类思维模式，对提高孩子的自我肯定感至关重要。

不过，按照大脑的发育顺序，安全感的养成应该放在第二阶段，我们应该首先考虑的，还是如何培养孩子有规律的生活习惯和健全的体魄。

生理之脑的发育完成是自我肯定感的起点

我认为，父母对孩子真正的爱其实很简单，只有两点：一是在 5 岁之前，让孩子拥有强健的体魄；二是在此基础上，用心养育孩子。还是用建房子来打比方，人的身体相当于地基，只要地基打扎实了，房子就不容易倒塌。

可惜，现在有很多人打乱了顺序，他们还没等地基完工就开始建第二层，如无论做什么都强调培养孩子的自主性，过早开始知识教育，等等。

我当然不是说这些教育本身不好，但是，如果打乱了顺序，把这些放在第一位的话，就相当于在地基和一层还很脆弱的情况下建第二层，那建成的房子自然不会牢固。

如果自主神经系统不能很好地工作，不能在生理之脑支配下保持良好的节奏，智慧之脑与精神之脑也就无法得到良好的发育。

但是，如果能够按照科学顺序，按部就班地促进大脑的发育，即便不进行大量的额外教育，大脑也会顺利发育成熟。其结果就是，10 岁以后，在脑前额叶进入发育关键期的阶段，即便没有父母的帮助，孩子也能够成长为聪明且自我肯定感强的人。

关于如何配合大脑的发育顺序来培养孩子的自我肯定感，我们会在第 2 章展开详细讨论。在本章，请大家一定要牢记：生理之脑发育完成，才应该是培养自我肯定感的真正起点。

为什么日本孩子的自我肯定感偏低

日本孩子的自我肯定感和幸福度都偏低

日本孩子的自我肯定感偏低，近几年已经成为一个广受关注的社会问题。

迄今为止，有关孩子自我肯定感的调查可谓五花八门，其中既有国际的比较调查，也有日本国内的认知调查，所有调查结果均显示，日本孩子的自我肯定感偏低。

2020 年，联合国儿童基金会关于“全球儿童幸福度”排名的报告更是让人大跌眼镜：在 38 个被调查国家中，日本孩子的心理健康状况位列第 37 位，倒数第二！

自我肯定感偏低，幸福感也不强，原因究竟是什么？

原因当然有很多，但我认为，生活质量的恶化是罪魁祸首。具体表现为越来越多的孩子睡眠时间严重不足。

对身体和大脑来说，睡觉是最重要的修复方式，一定不能小视。

人在睡觉的时候，大脑会分泌出不同类型的激素，用以恢复体力，让大脑得到充分休息，从而保持人的身心健康。如果一个人长期晚睡，睡眠时间不足或者质量不好，身心都无法保持健康。

特别是在婴幼儿时期，好好睡觉对大脑和心智的成长发育非常重要。常言道，爱睡的孩子长得快。现在这句话已经被科学证实，那就是：睡眠充足而良好的孩子，身心都会健康发展。

此外，自我肯定感的强弱，也与睡眠质量的好坏密切相关。

多项调查表明：如果一个人作息不规律，晚上不好好睡觉，早晨不按时起床，就容易情绪低落，对他人的防备心也会增强，自我肯定感自然无法得到提高。

孩子入睡时间越晚，其自我肯定感就越弱

我们在东京的部分公立中小学里做的问卷调查也清晰地显示出睡眠质量与孩子们的身心健康状态直接相关（见图1-2）。

（《23 点前、后睡觉对小学生身心健康的影响情况调查》《24 点前、后睡觉对中学生身心健康的影响情况调查》，摘自《科学育儿问卷调查》）

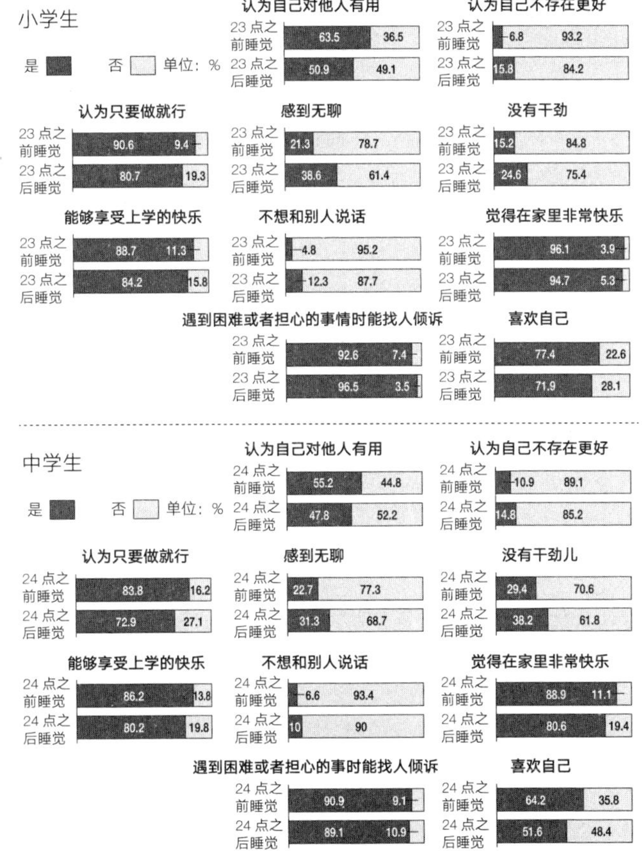

图 1-2　中小学生的睡眠质量与身心健康状况调查

现在的孩子需要上各种各样的培训班，父母工作又忙，睡得晚也是意料之中的事。但得知调查结果显示小学生的平均睡觉时间为 21 点 55 分，中学生更是到了 23 点 28 分时，我们还是会叹息：这也太晚了！

在上述调查问卷中，调查对象被分成两组：小学生分为“在 23 点之前睡觉的孩子”和“在 23 点之后睡觉的孩子”，中学生分为“在 24 点之前睡觉的孩子”和“在 24 点之后睡觉的孩子”。我们共设计了 20 个问题，以对比研究孩子们的身体状况和精神状态。调查结果清晰地显示：睡觉时间越晚的孩子，身心出现问题的越多。其中，在与自我肯定感相关的心理题目中，孩子的入睡时间越晚，结果越差。

在小学生中，数据差异比较大的是这几个题目：“认为自己不存在更好”“认为只要做就行”“感到无聊”“没有干劲”“不想和别人说话”。

我们发现，小学生的睡觉时间越晚，越倾向于消极型思维模式，不仅认为自己不存在更好、努力也不一定能干好，而且也不喜欢与他人交往。

中学阶段的调查结果更加惨不忍睹，在与心智相关的题目中，极少的孩子回答“睡得比较早”。同时，在“喜欢自己”“认为自己对他人有用”这类与自我肯定感直接关联的题目中，他们的回答也非常糟糕。

这些调查结果告诉我们，睡眠不足在本该重点培养孩子自我肯定感的时期造成了多么严重的后果。

虽然调查对象只是特定地区的部分孩子，但实际上，全日本中小学生的现状是大致相同的。事实证明，现在的孩子，正过着偏离生物本来的正常睡眠规律的生活。现在，我们再说这与日本孩子的自我肯定感偏低有关，应该更具说服力了吧？

与家人之外的成年人进行交往是必要的

另外，日本孩子自我肯定感低或许与人际交往有关。我们在上文中提过，缺少与他人之间的联系，自我肯定感和恢复力就无法形成。现在，日本的孩子已经处于有些危险的状态中，因为他们对于“肯定会有人帮忙，所以我一定能做好这件事”的自信，已经非常不足了。

父母为了让孩子与同龄人搞好关系，热衷于带他们去公园、益智乐园和游泳培训班、足球训练场等场所，为他们创造和朋友接触的机会。但由于现实条件的限制，幼年期的日本孩子只能生活在一个以自我为中心的世界里。他们缺少在做决定时为他人着想的日常训练，也就不可能在大脑里形成这种意识，所以长大后，即便有机会和同龄人聚在一起，也缺失了得心应手地与他人交往的能力。

孩子在成长中要有与家人以外的成年人交往的体验。也许，现在日本孩子很少有这种体验，就连父母们都是如此，很多家庭主妇交往圈仅限于同龄孩子的妈妈，甚少关心其他邻居。

举例来说，你有与邻居们分享东西的习惯吗？突然收到很多自己用不了的东西时，或食物做得太多时，你是否会分享给左邻右舍呢？

当遇到上面这种情况时，我会让女儿把收到的东西分送给邻居们。邻居们往往会对女儿说：“哎呀，你特意送来的啊？太用心了，宝贝你好厉害呀！我真高兴！”有时候，孩子还会拿着邻居们回赠的很多东西回来。

在这个过程中，孩子通过自己的行动使身边的大人感到高兴，自己也受到了表扬。在回家之后，父母又会说：“竟然收到这么多礼物，妈妈又没做什么，大家一定是觉得你可爱才给我们的吧！”

这样的经历多一些，孩子就能在与他人交往的过程中，自然地培养出较高的自我肯定感。

能够发现自己未被关注的优点

到我这里来咨询的，有很多人是因为在亲子关系中碰到了麻烦，甚至孩子已经陷入一定程度的消极状态。与他们谈话之后，我越来越深切地感受到，很多父母本身就不太擅长与他人交往。

他们中的很多人都认为靠自己就能把一切做好，同时还试图独自承担抚养孩子的全部任务。但是，大多数父母都是普通人，想靠自己实现完美育儿几乎是不可能的。

培养孩子健康的大脑、身体和心智，增强孩子的自我肯定感，这是父母的重要职责。但个人的力量毕竟有限，我们需要依靠外部的力量，让孩子在家庭之外的人际交往中获得更多成长。

以我家为例，我是上班族，回家时间不规律，而我丈夫又有一段时间在外地工作，所以我们无法完全靠自己照顾好孩子。为了严格遵守在晚上 8 点睡觉的规定，我们在女儿 4 岁时请了两位保姆，接受她们的帮助。

两位保姆都以不同于我们的方式参与了女儿的生活，在这个过程中，女儿有了很多只与父母交往无法获得的体验。

即便现在，我女儿已经成年，她也经常会说“我实际上是由两位阿姨抚养长大的”，以此向保姆表达感谢。当然，她有时也会加上“我妈妈过着逍遥自在的生活”这句“多余”的话。

很多孩子会在这种无法完全依靠父母、不得不由其他大人来帮忙的过程中展现出父母没有察觉到的很多优点，因为在这个过程中，孩子们那种“我能行”的心态会变得更加突出。

另外，由于自己的行为得到了周围大人的感谢或表扬，孩子的自信心会逐渐增强。同时，对他人的信赖感也在孩子与他人交往的喜悦体验中，慢慢得到增强。

与成年人交往有利于孩子成长和自我肯定感的培养，这样的例子还有很多，因此，请大家有意识地、尽可能多地为孩子创造与成年人交往的机会。

试一试

把信息准确传达给孩子的声音训练 1

用传球进行发声训练

很多人或许都有这样的烦恼：一件事跟孩子说了很多遍，他就是不听。

实际上，为了把信息准确地传达给孩子，除了要使用他们能理解的语言之外，还要在发声方式上下功夫。

和孩子交流的时候，我们要像投球一样，有意识地、准确地传达信息。首先，与孩子对视非常重要。这时候，如果孩子不想听你的话，他就会转过脸去，装作一心一意地在玩什么，抑或是不与你对视。在这种情况下，给孩子营造轻松愉快的氛围就很关键，我们要尽量避免使用那种尖锐的“直线性”声音，而是使用温和的、“抛物线式”的声音说话。

1. 投球的同时练习语言交流。让我们在内心想象这样的画面：轻轻地把球抛出去，同时让想说的话像抛出去的球一样，准确传到孩子的耳中。
2. 与孩子进行语言交流之前，试着在脑中模拟投球的动作（想象一下球飞过的轨迹）。
3. 如果前面两步已经做得很好了，就可以不借助外力开始交流了。请一定牢记，不要以“直线式”说话，要给人以轻松温柔的感觉。

培养自我肯定感要符合大脑发育规律

大脑发育三步走，自我肯定感自然会形成

0 ～ 5 岁的重点是培养孩子的自我认知

在第 1 章中我们已经讲到，大脑是按照生理之脑、智慧之脑与精神之脑的顺序分三步发育的。在这一章里，让我们再来看看，如何配合大脑的发育规律培养孩子的自我肯定感。

从出生到上小学之前，也就是 0 ～ 5 岁这段时间，属于以旧脑为基础的生理之脑发育的关键阶段。我们几乎可以确定，只要生理之脑得到良好的发育，智慧之脑和精神之脑自然可以发育得很好（见图 2-1）。

2
智慧之脑
（大脑新皮层）
掌管人的语言、知识、全身运动和细微活动
（1～18岁，关键期为6～9岁）
大脑新皮层
脑前额叶
间脑
1
生理之脑
（脑干）
掌管人的睡眠、饮食、呼吸等活动
（0～5岁）
脑干
神经回路
3
精神之脑
（大脑新皮层）
掌管人的判断、理解、短时记忆、空间认知等
（10～18岁，关键期为10～14岁）

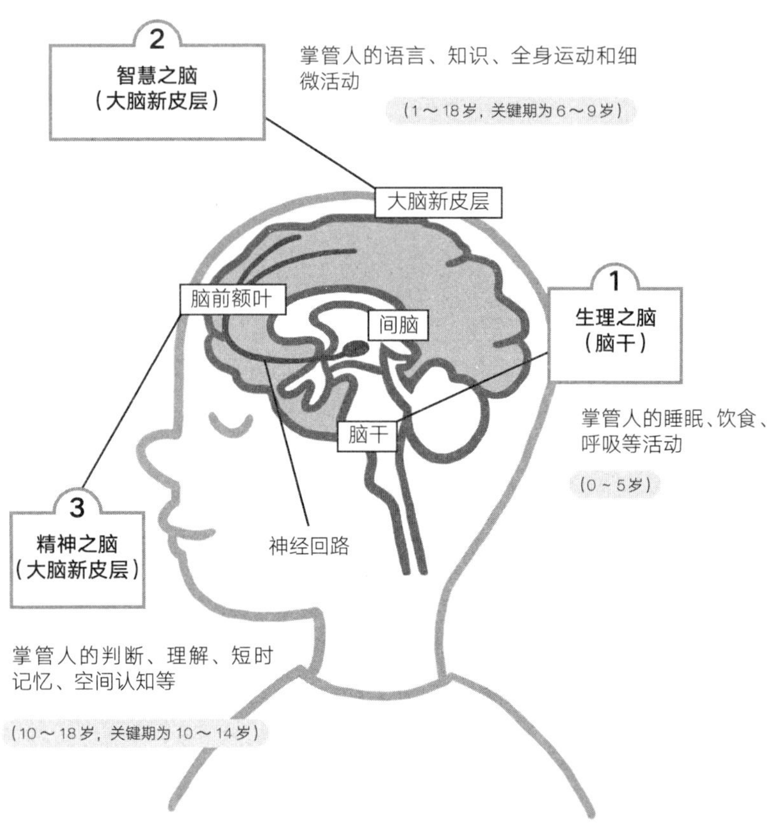

图 2-1 大脑的发育顺序

在这一时期，让大脑健康发育的基本要素就是睡觉、起床、吃饭、活动身体。这时的重点，是引导孩子全身心地建立良好的生活节奏。需要孩子做的事情也很简单，即早睡、早起、吃饭，确保他们晚上自然入睡，早上精神饱满地醒来，吃饭津津有味。

此外，父母还要在日常生活中经常与孩子进行身体接触，同时用温柔的方式与孩子对话，这样，亲子之间就能建立起亲密的关系，孩子也能得到足够的安全感。

作为上班族的父母可能会发现很难在晚上 8 点之前让孩子上床睡觉，因为他们从幼儿园接孩子回家时通常是晚上 6 点或 6 点半了。在这种情况下，为了让孩子早睡，我们完全可以把晚饭做得简单些，或者选择两天洗一次澡。

应该把让孩子在规定时间入睡放在第一位，让他们的大脑及时得到休息。即使在他们长大后，这一点也很重要。

良好的睡眠有助于促进大脑分泌血清素这样的脑内物质，而血清素可以帮助缓解不安、恐惧和焦虑情绪。所以，如果大脑的分泌功能得到适当发展，能够表现出“嗯，可以”“没问题”这种思维模式的大脑部分也就能够相应地发育。

作为自我肯定感基础的自我意识在孩子两岁左右开始萌芽，但这个时期人的大脑仍作为生理之脑在全力工作。不安、愤怒、恐惧、冲动等原始的心理活动，也是由这个时期的大脑产生的。

因此，这个时期孩子的自我意识会以“地球在围着我转”的状态，毫不掩饰地释放出来。例如，孩子如果反感，就会直接说讨厌；如果别人不按照自己的想法行事，孩子可能会生气，甚至大哭。如果生活中类似的情况越来越多，的确会让有些父母觉得棘手、不知所措。但实际上，这种现象的出现，本身是0～5岁孩子的大脑发育正常的标志，父母应该感到安心才是。

在这个时期，如果能使这种原始本能全面释放，让孩子充分拥有像“我最棒了”“我做得最出色”这样的体验，这将成为自我肯定感不断完善的基础和根源。

充分展示自我并能够接纳真实的自我，孩子就会逐渐形成“我就是我”的意识。

因此，我们希望父母不要把这种重要的原始的自我肯定感理解为“不听话”“不懂事，任性”，甚至训斥他们，而应该以“这个时期的孩子就是这样的，他们还和原始动物一样”的思维与立场，守护并培养孩子的自我肯定感。

随着年龄的增长，孩子慢慢能够听从父母的话，主动约束自己了。例如，他们会逐渐愿意把手里的点心分给别人；到了四五岁，他们也许还会说“妈妈累了，我给你揉揉肩膀吧”这类贴心话，变得温柔体贴起来。

这时，父母就要及时夸奖孩子“真有忍耐力啊”，或表示感谢——“哇，你真体贴，真让人高兴”，然后紧紧拥抱孩子。人的自制力和体谅他人的能力就是从这些细微处培养起来的。

这个时期也有需要特别注意的事情，那就是，随着孩子由本能支配的活动减少，语言交流增多，以及他们变得越来越懂事，我们往往会在不知不觉中提高对孩子的要求。

比如，父母如果认为培养孩子的自信心很重要，就容易进行一些无视孩子的个性与大脑发育规律的强制培养，如“要尽早拥有写字、简单计算的能力”“希望孩子在赛跑等运动时不服输，能坚持到底”“希望孩子积极主动参与活动，并成为游戏中的主角”。

以上做法都是出于父母对培养孩子自信心的错误认知。现实生活中，在孩子 5 岁之前，父母应该培养的是他们认为“我这样很好”的自信心。虽然他们个头越来越高，但从年龄上看，仍然处于以本能反应为中心的阶段，所以在培养孩子的自我肯定感时，还是接受孩子的本来面目为好，不要抱有过高的期待。

无论是毫不节制地大呼小叫的孩子，还是唯唯诺诺、生闷气的孩子，父母都应该接受，既不能说“再不安静下来，你就是个坏孩子”，也不能一味责备“你怎么就不能主动举手呢”，因为能够自由表达真实的自己是孩子自我肯定感形成的根源。

在婴幼儿时期培养自我肯定感，只要能养成“我这样很好”的自信就足够了。与人类抗压能力紧密相连的安全感，以及释然的心态，都要从这个时候开始培养。

例如，在安慰因摔伤膝盖而哭泣的孩子时，如果孩子才两岁，我们会说：“不疼啦，不疼啦，疼疼君快飞走吧……已经说了让疼疼君飞走了，没事啦。”如果孩子 4 岁了，我们就要把“没事”的理由附加上了。例如，“试试膝盖能够自由屈伸吗？如果能这样就没事了”，或者“虽然在流血，但骨头没有断，消消毒，贴上创可贴，很快就会好了”。

虽然孩子还不能完全理解我们的话，但这种加上道理的说话方式是能够让他们放心的。

听到小狗狗叫，害怕吗？没事啦，我已经把它拴好了！

电车开走了啊？没关系，下一班马上就会来的。

朋友做了让你不高兴的事吗？你肯定很伤心吧？我觉得他只是想做 ××，并不是讨厌你。放心吧，你们很快就会和好的。

你担心正式演出的时候失误吗？上次演出，你经过充分准备，结果很成功呢。所以啊，这次再多练习练习，肯定没问题的。

就像这样，在不同的场合不断重复这种“因为 ××，所以没问题”，孩子就会自然形成“出现这种状况，也不用担心”的积极思维模式。

这样的交流为这个时期孩子的大脑输入了诸如“安心，没关系”的信号，这样一来，即使遇到了困难，孩子也可以自发地形成“如果 ×× 的话，就会没事的，不用担心，没关系”这种理性的思维模式，他们的内心也会逐渐强大。

6～9 岁的重点是培养孩子自我肯定感中的“对他者”部分

生理之脑发育完成之后，智慧之脑进入发育关键期，其核心是被称为大脑新皮层的新脑，依靠经验和学习逐步发展。

新脑的特点是可以体验各种各样的事情，接受很多肯定的话语，获取来自不同渠道的信息，从而积蓄知识和增长智慧，不断提高个体的能力。孩子的智慧之脑通常是在与父母的交流中逐渐发育成熟的，这些交流包括经验、体验、知识等多方面内容。

智慧之脑自 1 岁左右开始发育，一直持续到 18 岁左右。看起来发育时间长达 18 年，但关键期是 6 ～ 14 岁，特别是 6 ～ 9 岁，这是为孩子在社会上生存奠定基础的重要时期。这个时期，大脑从认为“世界以我为中心”开始成长，逐渐能够认识到“世界上除了我自己还有各种各样的人，大家在互帮互助中生存”。随着大脑的成长，孩子对自身能力的认识和自信心也在不断提升。

这个时候，父母应该注意培养孩子自我肯定感中与人交往的能力。

在日本，孩子一般从 6 岁开始上小学。从这个时候开始，父母很容易过度关注孩子的学习，越来越多的家庭热衷于送孩子去特长班。一方面，父母会不断提高要求，总是关注孩子做得不好、不尽如人意的事情，相应地，会越来越频繁地对孩子发牢骚、说一些贬低的话等。另一方面，也会有父母在孩子学习表现比较好、考试成绩比较理想的时候，拼命夸赞孩子取得的成绩，因为他们认为，应该利用这种机会培养孩子的干劲和自我肯定感。

但是结果怎么样呢？事实证明：以上两种情况都无益于孩子大脑的健康发育以及自我肯定感的发展。发牢骚、说贬低的话对培养孩子的自信心无益，这一点不言而喻；单纯夸赞孩子取得的成绩，而不认可他们的努力过程，同样无法帮助孩子养成真正意义上的自信，这尤其值得父母注意。

孩子在 6 ～ 9 岁时，生理之脑发育渐趋成熟，正式进入智慧之脑的关键发育阶段。同时，脑神经回路的发育开始向前额叶部分延伸，深度思考的能力、理性控制感情的能力开始发展。此时，不要过度关注孩子在当前某件事情上的“会”与“不会”，而要培养他们自己想办法解决问题的能力，把育儿的着眼点放在传授给孩子“这种时候，这样做能解决问题”的技能与经验上。

对于孩子来说，保持良好的生活节奏有利于养成强健的体魄。所以，父母应该注意，不要为了上特长班而打乱他们的生活节奏，影响正常的睡觉时间。

在培养自我肯定感时，父母应当在传授孩子知识与经验的过程中，补上如何处理与他人之间关系的内容。之所以这么说，是因为在人的成长过程中，那些信赖他人并善于借助外力的智慧，以及为对方着想并积极采取行动的能力，都是在与他人的交往经验中培养起来的。

特别重要的一点是，作为成年人，父母要努力成为孩子的榜样，让孩子在观察父母如何处理人际关系的过程中，逐渐习得与他人和谐相处的能力。

实际生活中，既要注重言传，也要懂得身教。“如果看到有人遇到困难，要表示关心。”“要主动给老年人让座。”我们应该像这样用语言教导孩子，同时注意以身作则，用实际行动为孩子树立榜样。

如果孩子经常看到父母热心地帮助他人，当某一天他们看到提着沉重行李过马路的老人时，就会自然地说出“我来帮您拿行李吧”这样暖心的话来。通过帮助他人，孩子会体验到被陌生人真诚感谢的快乐，从而深切地体会到帮助这件事无论对哪一方来说都是值得高兴的。同时，听到父母以外的人真诚地跟自己说谢谢，他们的内心也会变得更温暖。

总之，感受到别人因自己而快乐，有利于培养孩子的自信心。在遇到困难的时候，他们也会毫不畏惧地向他人求助。为了把孩子培养成自信的人，请父母们有意识地在生活中为他们树立好榜样吧！

现在，让我们再回想一下序言中提到的那两个孩子和他们的妈妈：那种像“国王”“女王”一样被呵护着长大的孩子，会不会主动跟有困难的人打招呼呢？应该不会吧！可想而知，他们自然也就没有被陌生人真诚感谢的经历，没有被别人评价为“温柔的人”“善良的人”的机会，也得不到来自他人的善意，以致自我价值感和自我评价下降，自我肯定感也自然不会高了。

另外，一定要重视邻里之间的交往。邻居是家人之外最便利的社会关系，自然也是孩子学习与他人交往的绝佳对象。与邻居见面时的寒暄、分送礼物时的交流、孩子得到别人照顾时的感谢电话、收到礼物时的回馈等都是非常好的示范，通过观察父母如何同邻居建立良好的人际关系，孩子会获得与他人愉快交往的知识与经验。

总之，孩子的自我肯定感从“我自己是最重要的”这种原始状态，逐渐发展到可以打满分的水平，父母言行的影响力相当大。

还有一点也非常重要：要培养孩子理解同伴并采取适当行动帮助他人的能力。

孩子在学习上能取得好成绩，通过努力能在比赛中踢好足球、在音乐课上把钢琴弹得很好等，这些当然是好事。但同时，我们还要注意培养孩子主动关心他人的品格。例如，对因成绩不好而情绪低落的同伴、在体育比赛中落败的同学、在竞争中失去最终参赛资格的朋友，孩子是否会去主动关心他们呢？这对于孩子自我肯定感的培养也是非常重要的。

人的智慧之脑在 6 岁左右进入发育的关键阶段，从此时开始，父母就要有意识地引导孩子关心他人。例如，我们可以特意问他："小 A 没能成为队员，一定很失望、很难过，对吧？"还可以直接给孩子提出建议："点心不能一个人独占，也要分给大家一些，这样，你的朋友们一定会很开心的。"通过日常生活中的类似教育，孩子就会逐步养成主动关心他人的好习惯。

10 岁以后是孩子自我肯定感的形成期

10 岁以后，大脑中开始迅速发育的部分是连接脑前额叶与神经回路的精神之脑。脑前额叶掌管人的逻辑性思考，负责判断和理解、短期记忆、空间认知等，作为“思考之脑”“人性之脑”而被人熟知。从年龄上判断，作为大脑的高级阶段，精神之脑在 10 ～ 18 岁逐步发育完成。

大脑从生理之脑开始，在吸收知识与经验过程中逐步进入精神之脑占主导的阶段。当神经回路与脑前额叶联结起来，孩子的大脑发育就达到了能够根据现实情况决定如何行动这一高级阶段。例如，当被人惹得勃然大怒，想要打架的时候，他会想：“我如果现在打他的话，他可能会受伤，算了，还是不要动手了，说出来，让他知道我现在的心情就行了。”再比如，当被别人委托做有些难度的事情，自己不确定能否完成任务时，他会想：“其实以前也有过类似的经历，参照当时的做法，应该没问题。”

“勃然大怒”是一种来自生理之脑的原始情绪。人类通常会在精神之脑的发育中学会利用记忆和经验进行逻辑思考和情况判断，并在此基础上选择应该采取的最佳言行，而不是按照原始情绪行事。

在此期间，得益于同父母之间的亲密关系，孩子会逐渐形成“我做得很好”“我能做到，没问题”的思维模式。特别是那些有过与人愉快交往体验的孩子，会随着精神之脑的发育，逐步产生珍惜自己、尊重他人的真正的自我肯定感。

10～18岁是孩子自我肯定感的形成期，又与青春期重叠。为了让孩子的精神之脑获得健康发育，请父母尽量做到以下5点（前两点最好从两岁左右就开始做）：

- 接纳孩子的情绪，重复孩子的话。

  “是这样啊。发生了这种事情，你很开心吧！

- 与孩子产生共鸣。

  “哦，那真是太好了！”

  “哎呀，真是很讨厌呢！”

- 引导孩子说出自己的想法，仔细听取他们的意见。

  “你当时是怎么想的呢？”

  “你在想什么呢？”

- 即便孩子的意见明显是错误的，也不要全盘否定。

  “哦，原来如此！你有这样的感觉啊！/你是这么想的啊。”

- 不要马上下结论，等待孩子自己做出评价或决定。

  “你觉得应该怎么做，结果才会更好呢？”

“好吧，那么，接下来你要做什么呢？”

“你想怎么做呢？”

面对一件事情，身为成年人的你可能会立刻意识到“嗯，这看起来挺难的”“不应该这样做”。孩子 10 岁之后，就已经能像这样用自己的脑前额叶进行思考了。这时候，父母的职责是推动这种思考能力进一步提升，而不是替他们做出决定。当然，也不需要把这件事想得过于复杂，我们只需要记住以下三点就可以了：

- 全盘接纳。
- 不随意否定。
- 鼓励孩子独立思考。

经过认真思考再行动的过程，有利于提升孩子的自我决策能力。只要孩子的精神之脑能健康发育，即便遇到失败或者挫折，父母只需一句“没关系”，就能让孩子感到安心，并在自我肯定感的帮助下振作起来。

培养自我肯定感，7 个要点要重视

要点 1：经常说“谢谢”和“对不起”

“谢谢”和“对不起”这两个词，是拥有良好人际关系的秘诀。

上文谈到过，在与他人的交往中，父母要为孩子起到榜样的作用。与人相处时，如果没有“谢谢”或者“对不起”这类真挚情感的表达，就无法让孩子学会建立良好人际关系的方法。

如果父母能在孩子很小的时候经常把“谢谢”“对不起”这些词挂在嘴边，做出示范，孩子便会在潜移默化中将之储存在“智慧之脑”中，从而成长为善于交际的人。

在家庭之外的公共场合，我们也要习惯随时表达感谢或歉意。例如，如果自家 3 岁的孩子在餐厅里玩的时候大呼小叫，大家会怎么做呢？很多人会喝令孩子“安静点”，或者说“大家都在吃饭，你吵吵闹闹的像什么样子”。但是，我们来认真思考一下：用这种否定和制止的口吻说话，是不是不利于培养孩子的自我肯定感呢？

首先我们应该明白，这个时期的孩子所拥有的自我肯定感是原始的、以自我为中心的。他们“大呼小叫”是因为觉得开心、快乐，这种情感表达是成长和自我肯定感的培养中必不可少的。从这个角度来说，孩子把自己愉快的心情表达出来，完全应该得到允许。

作为父母，首先要理解并真诚地跟孩子说：“你觉得很开心吧，真是太好了。”然后，我们还要牢记，应该在人际关系中为孩子做好榜样，反思把孩子带到了这种应当保持安静的地方是不是不妥当。所以，父母应该主动跟周围的人道歉：“孩子太吵了，真对不起。”“搞得这么乱，对不起。”也就是说，父母认识到自己的问题，并向周围人表达歉意，在对孩子的教育中是很重要的一环。

总之，如果觉得孩子给周围人添麻烦了，父母应该做的不是责骂孩子，而是当着他的面向受到打扰的人道歉，真诚地说“对不起”。如果对方回答“没关系”，不要忘了再回一句“谢谢您”。

要点 2：避免使用模糊的词，而应该给孩子传达清晰的信息

孩子的知识和经验积累还远远不够，他们的大脑无法理解模糊的表达。我们成年人在使用“这个”“那个”“马上”这样的抽象词语时，需要调动自己所掌握的知识与经验，依靠脑前额叶对情况进行合理的推测与解释。此时的思维过程是：从过去的经验来看—在目前这种情况下—这个人这样说话—是这个意思吧？所以，使用模糊语言却能交流顺畅的前提是脑前额叶能够充分发挥作用，并且交流双方具备足够的知识储备和经验积累。

即便是成年人，使用模糊词语的时候，准确地传达信息也是不容易的。例如，我们经常有这种经历：自己觉得还需要 10 分钟就能够到达，就跟对方说“马上就到了”，但对方却认为这个“马上”指 3 分钟，最后抱怨“说了‘马上’，怎么 3 分钟过了还没到”。

如果说话者或听话者是个孩子，这种情况就更明显了。在知识、经验尚且不足，脑前额叶还未发育完全的孩提时期，听到别人说“马上就到了”“把那边的盘子拿来”“现在很忙，待会儿再谈”等，人们会怎么理解呢？还真没有统一的答案。

亲子间的对话，对孩子的大脑发育非常重要，特别是“智

慧之脑”开始发育的时候，即便知道孩子可能无法完全理解，父母的表达也要清晰明了。

模糊表达	清晰表达
• 以后	▶ ×× 结束，然后 ××
	▶ ×× 完成之后，接着做 ××
• 马上	▶ 还有两站就下车了
	▶ 我们要坐 × 点 × 分的巴士，所以要在 × 点 × 分从家里出发
• 那个	▶ 餐具柜里从上面数的第三个蓝色盘子
	▶ 放在餐桌上的酱油瓶
• 那边儿	▶ 有电视的房间
	▶ 有大红色招牌的那条路
• 快点儿	▶ 妈妈计划在 × 点 × 分从家里出发，所以请在 × 点 × 分之前吃完饭
	▶ 今天的学校集合时间是 × 点 × 分，所以我们需要在 × 点 × 分出门

如上所述，与孩子交流的时候，我们应该尽量使用准确的词语来传达信息。例如，使用“因为……所以……”这样的表述模式。用这种方式对话虽然有点辛苦，但只要重复进行，大脑在思考问题时的逻辑能力会慢慢增强，孩子会越来越聪明。并且这部分大脑与掌管学习的大脑部分相连，会在学习过程中发育得越来越健全，最终，使孩子逐渐成为面对任何事情都能在独立思考后寻找解决途径的、具备高度自我肯定感的人。

要点 3：孩子越听话，父母越要反思亲子间的交流方式

很多来找我咨询的孩子都表示，他们在与父母的交流中身心疲惫，其中不乏从小就很听话的“好孩子”。

父母觉得听话的孩子，也是众人眼中几乎没有任何问题、顺顺利利地长大的“别人家的孩子”。但是，这些孩子在青春期之后，多数却会变得体弱多病、情绪低落，有的甚至会精神失常、出现暴力倾向。如果这些情况出现得太过突然，父母也会不知所措。

有人会把孩子的变化归咎于环境或某人，认为“发生这样的事情，是 ×× 的错”。但是，在与孩子交流之后，我们却发

现原因主要在父母身上。他们总是把“在 × × 方面要努力”“在 × × 方面要加油”挂在嘴边，在所有事情上都对孩子有要求。而孩子在被要求这样或那样做的时候，虽然非常反感，却无法违逆，只能被动地跟随父母的意志，根本不能表达内心的真实想法。最终，他们的压力越来越大，青春期之后，就出现了前面谈到的各种问题。

再往前追溯一下，其实，在生理之脑充分发育的幼儿期，不少孩子就被父母有意无意地限制了表达的自由，还有些孩子被一味要求埋头学习。

那些对父母言听计从的孩子，他们大脑中承担独立思考能力的部分通常没有得到充分开发。

孩子如果具备独立思考能力，自然能够根据自己的想法来行动。比如，他会认为“父母说的这些，逻辑上有些不通，我不想听”，或者“虽然父母说的是正确的，但我还是想按自己的想法做”。反之，如果孩子不能这样思考和行动，就说明他还没有形成稳定的自我肯定感。

如果我们的孩子正好是那种不忤逆父母、永远不会说“我不愿意”、成长过程中不需要父母太操心的“好孩子”，那我们有必要回想一下平时与孩子交流的方式，认真反思一下：是否经常用不容反驳的语气要求他们？是否为孩子提供了自由表达的机会？是否把自己的希望和理想强加给了孩子？

孩子进入青春期之后，想要提升孩子已经变低的自我肯定感，就相当耗费时间和精力了。换句话说，从长远来看，那些在5岁之前很淘气的孩子，反而比较令人安心。所以，父母要努力给孩子创造让他们尽情表现自己的环境，同时对孩子的不懂事做好心理准备。在这个时期，父母尽量不要对孩子使用强制语气，也不要随便训斥、制止孩子，这样才能培养出真正具有自我肯定感的孩子。

要点4：与孩子谈话时要以肯定开头

不少父母担心，孩子如果总是被训斥，就难以发展出较强的自我肯定感。事实的确如此。我们会发现，那些习惯于训斥孩子的父母，在与孩子对话时经常是从否定开始的。例如，对沉溺于电子游戏的孩子，他们会说："别老玩儿游戏！干点正事吧。"还有，如果孩子对父母说"我讨厌那个老师，他真让人生气"，我们应该怎么回答呢？如果马上说"怎么能这样说自己的老师"，结果会怎样？请大家仔细回想一下，这两个场景是否经常出现?

如果交流从否定开始，那孩子的逆反情绪一定会被激发，他们或许会态度恶劣地反驳，从而引发亲子间的争吵。这时候，父母往往又会勃然大怒，呵斥道："你就是这么跟父母说话的？"或者，有些孩子虽然不直接反驳父母，但是会很生气，以沉默相抗。这样的情况如果经常出现，孩子就很可能不再信任自己的父母。

不信任父母、与父母关系不好的孩子，难以形成良好的自我肯定感，到了青春期也容易出现各种各样的问题。

所以，和孩子之间的对话，即使主题是批评，也要从肯定的内容开始，这是个必须遵守的"铁律"。不管是看到孩子一味地玩游戏，还是听到孩子说了一些不礼貌的话，我们都要想办法从肯定的内容切入话题。以上面两种情形为例，我们完全可以像下面这样和孩子对话：

父母：那个游戏看起来很有趣。

孩子：是的，非常有趣。

父母：是吗？看你玩得很着迷的样子，确实如此呢。
不过，是不是该歇一歇，去做 ×× 了呢?

孩子：那个老师真烦人！

父母：是吗，你好像很生气？

孩子：因为他太偏心了。

父母：哦，很偏心吗？那可不行。

孩子：是的，今天就是这样……

这样，从肯定的语气进入话题，孩子就比较容易敞开心扉了。其实，在这种情况下，父母的职责是引导孩子把想法说出来，并在此基础上让他们自己思考并决定到底该怎么办。

即便有令人担心的事情，父母急于了解情况，也一定要注意方式方法。如果一开始就说些批评、否定的话，那么，孩子绝对不会敞开心扉，那些还不能用语言清晰地表达自己想法的孩子会惊慌失措，大点的孩子则会生气。结果会变得很糟，不仅父母达不到目的，孩子们的心也会离父母的心越来越远，他们会想方设法隐藏自己的真实想法。

比如，当从老师那儿得知自家孩子和朋友发生了纠纷，还打了人时，父母会不安又担心，于是直接质问孩子："你今天是不是打了 ×× ？打人是不对的！快告诉我到底发生了什么！"其结果很可能是，孩子因为害怕被训斥而不敢说实话。

如果父母换一种交流方式，说："今天发生了什么？你是不是很生气？"然后等着孩子回答，把事情原委搞清楚后再说："哦，原来是这样啊！""这事的确让人生气，不过，小B被打了，是不是会很痛很伤心呢？""明天见到小B，你觉得该怎么办呢？"这样的交流方式，才是真正可取的。

再举个例子，当发现孩子在网上和陌生人边聊天边玩游戏时，我们可能会担心孩子上当受骗。这时候，千万不要毫不客气地说："网络游戏这种东西太可怕，别玩了！""如果你现在不听话，那以后干脆别玩任何电脑游戏了！"一旦我们以这种语气说话，孩子通常会产生强烈的抵触情绪，接下来也会继续偷偷地玩。

如果我们换种说法，会怎样呢？例如，我们可以跟孩子说："现在的游戏，都是这样玩的啊，听起来好有趣。你在跟谁说话呢？"如果这样开始话题，对话可能就会变成下面这样子：

孩子：我在和朋友一起玩网络游戏。

父母：哦，还能边说话边玩儿游戏啊？

孩子：是的，我们担任不同的角色，商量着如何一起打倒敌人。

父母：不认识的人，也会进入聊天室吧？如果是这样，是不是说你并不知道对方的身份呢？这可不行啊，太危险了，游戏还是尽量和认识的人一起玩吧。

以这种方式展开对话，就有望与孩子进一步深度交流。这样做一方面可以消除父母的担心，另一方面，还可以认真地跟孩子说明与陌生人交往的危险，达到教育孩子的目的。

孩子的自我肯定感能否建立与是否信任父母息息相关，而亲子之间对话质量的高低，对能否建立互相信赖的亲密关系也有很大影响。

总之，我们要尽量以肯定的态度展开话题，努力构建一种孩子愿意主动与父母交流的亲子关系。

要点 5：不要武断，要充分信任孩子

很多父母总是把担心挂在嘴边："这孩子只会玩游戏，我担心这会对他的大脑发育不利。""这孩子笨嘴拙舌的，我

很担心他会被同伴欺负。”“我担心自己养育孩子的方式不够科学。”“真担心孩子在我们不注意的时候，做了什么不该做的事。”

父母有这些担心当然可以理解，但是，过度担心正是对孩子的不信任。因为不信任，父母才会在脑中不断臆想。这其实是杞人忧天。

我们来做个假设，把“担心”和“信任”加起来，总分是 100 分。孩子在婴幼儿时期，父母的“担心”占 100 分是理所当然的。但是上了小学甚至中学，父母的“担心”还是占 100 分，肯定就不合适了。因为当孩子敏感地感受到不管自己多大，父母都是一副忧心忡忡的样子时，他们就会觉得自己其实是不被父母信任的，并逐渐拒绝交流。

结果呢，孩子在父母面前一言不发，父母则更加疑神疑鬼，甚至趁孩子不在家时去检查他们的抽屉、翻看他们的手机信息。这样只会导致亲子关系进一步恶化，这在现实生活中并不少见。

父母要努力避免想象孩子身上会发生不好的事，这是构建良好的亲子关系最重要的一点。

当然，父母与孩子各自有一些秘密，也是应该允许的。

想一想，我们大人之间不也是这样吗？无论双方关系多么好，也要有所保留。我们也是一面用“谎言是权宜之计”来安慰自己，一面巧妙地将自己的隐私藏起来。

孩子也有隐私，有不想告诉父母的事。在理解这一点的基础上，父母与子女都把自己好的一面和坏的一面以一定程度展现给对方。这之后，父母再选用恰当的、能使孩子敞开心扉的方式交流，并认真倾听孩子的想法。这两点，就是保持良好亲子关系的秘诀。

无话不谈是亲子关系中最理想的状态。也就是说，如果亲子之间信任度高，当孩子步入青春期，陷入窘境的时候，他们会坦诚地向父母求助——这是最好的亲子关系。

这样的孩子，一方面不会做让父母伤心的事情，另一方面能够独立思考并相应地采取恰当的行动，因为他们已经培养起了自我肯定感，足以自立。

如果一定要分配一下上文所说的“担心”和“信任”的比例，那么，在孩子小学毕业前后，我们的“担心”和“信任”可以各占 50 分；到孩子 18 岁的时候，我们的“担心”要逐渐变为 0，“信任”变为 100，一步步形成“无论发生什么事情，他都能行”的思维模式。

要点 6：要有规矩，照章办事

有些父母之所以会下意识地不断否定和批评孩子，根本原因是没有为“错误”设定明确的标准，即孩子不知道做什么会被批评。

这需要事先约定并达成共识，让孩子明白一旦越过红线，就会受到批评。这样的话，孩子就会牢牢记住要守规矩，也不用父母动辄训斥，因为衡量行为对错的任务已经在一定程度上交给了孩子。

规矩大致可以分为两种：

一种是关乎生命的，即那些绝不允许某种行为危及自身及他人生命的规矩。

另一种是生活中的，即那些为了让孩子与大家愉快地共处而制定的规矩。例如：出门的时候一定要告诉父母自己要去的地方；自己的东西要放在自己的房间，不能随便丢在客厅里；对长辈不能使用不敬的言辞；等等。

关于生活中的规矩，父母可以说“别人家怎么样暂且不论，在我们家就一定要遵守”，当然，有些规矩也需要根据孩子的年龄适当调整。

还有一点需要注意，如果禁止事项或必须遵守的规矩太多，批评也必然会随之增多，减少了孩子自己判断并行动的机会。因此，最好设置“绝对不行”的界限，未触及这条底线时，就不用过分严苛。

规矩是事先制定好的，所以要清楚地告诉孩子，如果违反规矩，会受到严厉的批评。当然，孩子真的违反时，父母一定不能心软。同时，对于规矩以外的事情，父母即使不认同，也要学会睁一只眼闭一只眼。

比如，如果规定了自己的东西要放在自己的房间，可孩子却随便丢在了客厅里，这就违反了规矩，父母应该严厉批评。但是，孩子的房间有些凌乱，父母却最好不要干涉，因为事先并未为此定下规矩。父母最好这样想：房间再乱也不会有生命危险，孩子如果介意的话，自己会收拾的。

再如，即使是小学高年级，甚至上了中学，和同学一起去逛街也必须把行踪告诉父母。如果家里定了这样的规矩，孩子就要遵守。

如果孩子告诉你：“这个周日，我要和小 C 他们一起去原宿买东西。”我们应该说：“好，玩得开心点。”当然，也可以加上几句叮嘱，如“打算买些什么呢”“如果待到很晚，可能会有危险，所以不能回来太晚”“不能靠近危险的地方”“大概几点回来呢”，然后就应该放心地送孩子走了。

如果孩子按时回来，一定要表扬，说一句“真棒，你遵守了我们的约定”。

我们要在日常生活中逐一将规矩告诉孩子，并在孩子破坏规矩时严厉训斥，在孩子认真遵守规矩时及时表扬。如此反复几次，孩子就会形成明确的规矩意识。这样坚持下来，孩子就会慢慢成长为自律且自立的人，能够独立判断并行动。到了一定阶段，就不需要父母叮嘱了。例如，出去玩的时候，即使同行的其他孩子还没走，想到和妈妈约定的时间到了，他也会选择先行回家。

少了没完没了的唠叨，也很少被批评，孩子就能感受到被信任的快乐，越来越自立。这时，父母更应该给予充分信任。这样的良性循环，更能够增强孩子的自我肯定感。

要点 7：不要因为觉得孩子可怜而反应过度

我在演讲等场合中经常听到父母表达他们对孩子各种各样的担心：

我不能接受这件事，这样我的孩子太可怜了！

为什么只有我的孩子需要经历这些事呢？这未免太可怜了吧！

但如果我们仔细想一想“只有我的孩子可怜”这句话，就会发现，其中还隐含了“只要我的孩子不受伤害就好”的意思。当孩子看见父母这样肆意行事时，会做何感想呢？在这种环境中长大的孩子，最终能否形成真正的自我肯定感呢？

有些父母出于保护孩子的心理，只要感觉孩子有一丝不舒服，就如临大敌，立刻跑到学校或对方的家中去协调，如向老师抱怨：“我家孩子在演出中都没有台词，不是很可怜吗？”

父母都不想让孩子受到伤害，这是本能，可以理解，但如果反应过度就值得商榷了。

孩子在婴儿时期，所有事情都依赖父母，但孩子的生理之脑逐步完善、智慧之脑开始迅速发育时，父母就应该学会慢慢放手。

即便有时候真的可怜孩子，聪明的父母也应巧妙地利用这件事促进孩子成长。

在幼儿园的演出中，即便孩子饰演的只是一棵没有台词的橡树，父母也可以高兴地说“哇，你担任了这么重要的角色呀”，表演结束后，再及时说一句“太棒了，你真是一棵非常优秀的橡树哦”。这些话都能增强孩子的自信。

其实，当被分配到没有台词的角色时，孩子自己可能并不认为没被老师认可，反倒是父母的过度反应才让他们产生了不好的联想。

孩子上小学之后，自己能做的事情越来越多，父母不该过多干涉。例如，为了避免孩子忘带东西，父母替他备齐一切，或者孩子和朋友之间有了些争执，父母马上介入等。父母的这类做法其实是剥夺了孩子独立思考和行动的机会，长此以往，孩子履行思考职能的大脑无法得到锻炼，自我肯定感自然无法增强。

一个与此相关的案例令我记忆犹新。

在一节三年级的书法公开课上，一个孩子忘了带自己的书法用具，所以没法写字，只是看着周围的同学练习。他的妈妈看到之后，马上跑到同样正在上公开课的五年级姐姐那里，拿来文具，大声说：“看，我从姐姐那里给你拿来文具了，你就用这个吧。”下课后，这位妈妈立刻跑去班主任那里抗议：

“你们太过分了，为什么不能帮孩子借一套文具呢？我的孩子真可怜啊！”

本来，孩子心里想的是“我忘了拿文具，责任在我”，可妈妈这么一闹，使他在许多同学和前来参观的父母面前抬不起头来，自尊心大受伤害。从第二天起，那个孩子就躲在房间里，拒绝上学。那位母亲却坚持认为，儿子不能上学，是班主任的错，因为他不帮孩子借文具。而且，无论我怎么跟她解释是她不对，她都不肯接受。

父母应该把孩子在成长中受到的委屈，遇到的麻烦、挫折，都看作是重要的经历。它们对孩子来说，不是“可怜的事情”，而是“成长的种子”。如果这位妈妈能够这样思考问题，做法也就不同了。

如果她心里想，“真是的，上书法课都能忘带工具”，然后转念一想，“不过，这也是一次很好的体验，他觉得难堪，下次就会注意了”，最后静下心来等待孩子意识到自己的问题。这样，才是真正在守护孩子的成长、培养孩子的自我肯定感。

父母在因为孩子的处境愤怒之前，应该想“这是孩子成长的机会”，而不是“孩子太可怜了”。这之后，父母就能将关注的焦点转向教导孩子克服困难上了。

另外，非常重要的一点是，父母不应助长无谓的不安情绪。

作为儿科医生的我接触过无数优秀的孩子，我发现只要保证孩子晚上睡得香、早上按时醒来、吃饭津津有味，就已经为孩子大脑和身体的发育创造了良好的条件，父母的大多数担心也就会烟消云散。

能做到好好睡觉、好好吃饭的孩子，身体和精神的恢复力也都十分出众。他们即便遇到一些不愉快的事情，或者一时焦虑、担心，只要好好睡一觉，第二天早上就又会精神饱满。

虽然受到了打击，但孩子在早上醒来时能精神抖擞地说一句“早上好”，起床之后能饱餐一顿，还能满不在乎地哈哈大笑。看到孩子这样，父母自然也会放心了。可见，生理之脑的健康发育，对孩子的成长至关重要。

如果孩子的社会生存能力很强，那么即便他的运动能力和学习成绩不尽人意，他以后的幸福人生也不会受到严重影响。所以，请不要在生活小事上太小心翼翼，要站在更高的位置守护孩子。

要点总结

- 要点 1：经常说“谢谢”和“对不起”。
- 要点 2：避免使用模糊的词，给孩子传达清晰的信息。
- 要点 3：孩子越听话，父母越要反思亲子间的交流方式。
- 要点 4：与孩子谈话时要以肯定开头。
- 要点 5：不要武断，要充分信任孩子。
- 要点 6：要有规矩，照章办事。
- 要点 7：不要因为觉得孩子很可怜而反应过度。

把信息准确传达给孩子的声音训练 2

从表情训练开始，练习声音传递技巧

让我们试一试，通过训练表情肌获得清晰的声音和丰富的表情。训练好表情肌，声音就能够更加清晰。如果我们再加上眼睛、嘴角等微表情，传达情感的效果会更好。

1. 皱起脸来，然后猛地睁开眼睛、张开嘴巴、抬高眉毛，给人一种开怀的感觉。交替重复这些动作。
2. 张大嘴巴，舌头上下左右移动。（注意不要动嘴，只动舌头。）
3. 继续 2 的动作，一边动舌头一边发出“啊啊”的声音。
4. 练习用卷舌发出“啦啦啦啦”的声音，如果做不出这个动作，就闭上嘴，让嘴唇颤抖着发出“嘟嘟嘟”的声音。

关键点

姿势也很重要！

挺直腰板，腹肌用力，给人一种用腹部、指尖、头部，甚至全身一起发出声音的感觉。

第3章

提高孩子的自我肯定感，怎么说是关键

想让孩子早点睡觉，他却不肯入睡

0～5岁

每天晚上，孩子总是磨磨蹭蹭地不肯睡觉，妈妈非常烦躁。

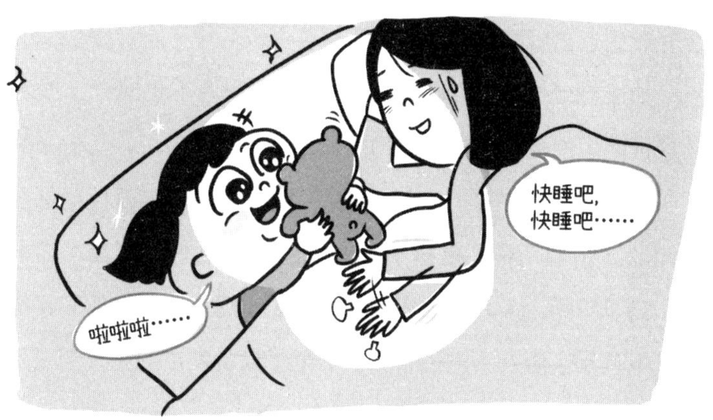

怎么还不睡？不好好睡觉，就长不高了！

妈妈也困了，我们一起关灯睡觉吧，晚安。

是不是父母无意中营造了一个不易入睡的环境？

为了给孩子建立“天黑睡觉，天亮活动”的生物钟，到了晚上八九点家庭规定的入睡时间，父母应该设法让周围的环境暗下来，引导孩子上床睡觉。到了早晨，还要及时拉开窗帘，让外界充足的光线刺激孩子的眼睛，从而自然地醒过来。

父母如果从孩子出生 4 个月就坚持这样做，孩子的大脑就会养成到点犯困的习惯，即使孩子长大以后也不会改变。

如果到了规定时间，孩子还磨磨蹭蹭地不想睡觉，或者钻进被窝后怎么也睡不着，抑或是好不容易哄睡了，马上又醒了叫着“妈妈”，这时，我们就要认真检查一下入睡环境是否有问题。例如，是不是孩子的房间能听到电视的声音？如果是，孩子听到让人兴奋的声音当然会不想睡。或者，他们睡觉前是不是玩了游戏？电视、手机等电子设备发出的光，会强烈地刺激大脑，让孩子保持清醒。

然后，我们再认真回顾一下，孩子每天的睡觉时间是不是都不同。如果父母已经规定了晚上 8 点钟睡觉，某一天却说“今天是 ×× 日，稍微晚一点也可以”，孩子的大脑就难以形成到点犯困的生物钟。

像所有习惯白天活动的动物一样，人类大脑被内置了一个系统，以支配人类在天黑时睡觉、天亮时起床活动。如果孩子睡不着，很有可能是父母给他们营造了不易入睡的环境。

在孩子 5 岁之前，只需要一周时间，就能把打乱的睡眠节奏重新调整过来。一周时间看似不长，真要坚持下来，也是需要父母有毅力的，关于这一点，我们后边再讨论。总之，如果已经和孩子约定好了睡觉时间，就要坚持下来。

在做好以上心理准备的基础上，我们再来看看影响孩子入睡的其他因素是否都已经消除了。

孩子晚上总也不睡时，往往令父母有些烦躁，但一旦他们感受到父母的这种情绪，反而会更加睡不着。所以，我们应该从早上起床就开始为晚上的入睡做准备：每天早上，一定要让孩子在早上 7 点起床，接受太阳光的照射，同时把午睡时间缩短，还要在睡觉前一小时关掉电视、结束游戏。确保做到以上这些之后，到了规定的时间，马上要求孩子上床睡觉。

最理想的情形是：父母到了晚上 8 点立刻关灯，陪在孩子身边一起睡觉。其实，很多计划在孩子睡觉后做的事情，换成早点儿起床来做，也不是不行。

“妈妈也困了，我们一起关灯睡觉吧，晚安。”一边说，一边轻轻拥住孩子，一般来说，孩子就会安心放松地入睡。轻轻地拥抱能够促使亲子间形成依恋感，给孩子带来被重视的安心感，对培养自我肯定感也很有效。

如此坚持一段时间，孩子的大脑就会记住晚上 8 点睡觉这个规定。时间一到，大脑发出“我已经困了”的信号，孩子就会主动到房间去睡觉。

如果孩子在我们的帮助下，大脑形成了不睡觉就无法工作的状态，那么，到了初、高中之后，孩子与朋友相处时，到了时间也会自然地说“对不起，我困了，要回去睡觉了”。这样，孩子也不会半夜玩电脑游戏或者上网了，父母也能少操心一些。

孩子不想吃饭

0～5岁

为了孩子的健康，妈妈每天都坚持自己做饭。可是，孩子却总说“我不要”“我不想吃”。到底该怎么做，孩子才会好好吃饭呢？

天哪，真烦人！为小 A 挖空心思做的饭，她为什么不吃啊？

你现在还不饿吗？好的，我知道了，等你饿了再吃吧。

要根据孩子的食欲安排吃饭的时间

睡眠和食欲是相互影响的，通常情况下，人在晚上睡觉时，能把晚饭全部消化掉。如果夜里睡得香，早上起床的时候，消化道就应该已经空了，所以人会感到肚子饿，早饭吃得津津有味。也就是说，如果人的身体状况正常，一段时间不吃饭就会饿，这时候再吃，当然吃得香，这是人类的自然状态。

如果到了吃饭的时间，孩子却嚷着不想吃，很可能是没有睡好，影响了食欲。所以，我们首先要观察一下孩子的睡眠状况，如果没问题，那就再仔细回想一下，是不是头天晚饭吃得太晚，或者零食吃得太多了。

如果我们想增强早上起床后的食欲，不妨试着晚餐吃点容易消化的食物。毕竟，早饭吃好了，一天的食欲都不会差。

孩子和大人是一样的，如果感觉不到饿，就不想吃饭。无论是米饭，还是其他辅食，如果孩子都说“不要”“不想吃”，就说明他的确不饿。这时候，妈妈不应该强迫孩子吃，等什么时候他说饿了，再把饭端上来不迟。

孩子明明不饿，有的妈妈却因为他不好好吃饭而苦恼，琢磨各种原因，甚至唠唠叨叨地强迫他吃饭，例如，“这是妈妈专门为小 A 做的哦，吃点吧”“宝宝不吃，妈妈会很伤心的哦”。

如果孩子发现因为自己不好好吃东西，妈妈非常失望，或者经常有被强迫的感觉，那么吃饭就变成了一件不愉快的事了。他们会有各种各样的担忧，比如“如果我不好好吃东西，妈妈会失望的”“妈妈会责骂我的”等。这样下去，孩子可能会害怕吃饭，甚至影响其大脑发育和自我肯定感的形成，严重的时候，还可能导致孩子出现进食障碍。

在成年人看来，到了中午 12 点，自然应该吃午饭了。但是对孩子来说情况就不同了，他们的生物钟还没有充分发挥作用，进食节奏也不是很规律。所以，我们不能只是机械地按照固定时间安排孩子进食，更要用心观察他们的食欲状况，发现孩子饿了，才把饭端过去。

我们吃饭的基本原则是“饿了就吃”和“能够享受吃饭过程”这两项。

肚子饿的时候，如果食物一下子出现在面前，即使没人说“快吃吧”，孩子也会大快朵颐，并由衷地感慨“哇，真好吃”。妈妈爸爸呢，则笑呵呵地看着孩子吃得香喷喷……这体验多么棒啊！

孩子喜欢挑食

0～5岁

妈妈希望孩子什么都吃，但事与愿违，孩子越来越挑食了，甚至可能养成偏食的坏习惯，这可真让人担心。

不可以挑食！不吃青椒会长不高的！

小B不喜欢吃青椒吗？但是青椒富含维生素，吃了会让身体更健康哦。

孩子挑食是很正常的，我们要理解，并告诉孩子相关的营养知识

很多父母认为，所谓饮食教育，就是让孩子不挑食，什么都吃。

不过，请妈妈们回想一下自己小时候的情形，能做到从不挑食、高高兴兴吃光父母给的所有东西吗？应该不能吧。正常情况下，谁都会有几种讨厌的、不爱吃的东西。

孩提时代的挑食是难以避免的，因为大脑在 5 岁之前尚处于生理之脑占主导的阶段，味觉还没有发育完全，主要还是依靠本能判断某样食品吃了是否对身体有害。

自然界的普遍规律是：非常苦的或者气味特殊、特别浓郁的东西，往往有毒或已经腐烂变质，食用后有危险。因此，动物们会本能地拒吃以避险。

很多幼儿不喜欢吃青椒、胡萝卜、芹菜、香菇等蔬菜，是因为在吃了一口后，本能告诉他们："这东西发苦（或有奇怪的味道），可能已经腐烂了，吃了会中毒！"从大脑的发育阶段来看，幼儿挑食是理所当然的。不喜欢就是不喜欢，这才是健全大脑的正常反应。

也许你会问，话虽如此，但为了营养均衡，人不是应该吃各种各样的东西吗？还是来回顾一下我们自己是什么样的吧。有些东西我们小时候非常讨厌，长大后却能吃得津津有味；有些东西，我们虽然不喜欢，但也不是一点都不吃；还有一种情况，成年人中有很多人明明很偏食，却仍然很健康。从营养学角度讲，即使人们有些不愿吃的食材，那些东西能提供的营养也是完全可以由其他食材来替代的。最理想的状态是什么都能吃，但也尽管放心，不吃某些食物也不会导致太大的问题，所以，我们没必要对孩子挑食这件事过分紧张。

如果孩子在吃饭的时候，把不喜欢吃的东西一下子吐了出来，我们也不用大惊小怪，只要告诉孩子“虽然青椒不好吃，但它富含各种维生素，吃了可以强健身体，让皮肤变得光滑”，借这个机会，把相关知识成功输入孩子的智慧之脑就可以了。

“不能挑食，吃了青椒才能长高！”“青椒有营养，一定要吃！”“妈妈都说了让你吃，就赶紧吃！”如果这样强迫孩子，那他可能会一辈子都不再喜欢吃青椒，也会讨厌妈妈，这样做有百害而无一利。

但我们只要改变一下说法，孩子上学后，随着知识日益增长，就会明白，虽然自己不喜欢吃青椒，但青椒富含维生素，妈妈又那么用心地做了青椒酿肉，自己应该试着吃。这时候，孩子已经会在精神之脑中进行这样的理性思考，并努力吃下那些原本不想吃却对身体有益的食物。

总之，对于孩子的饮食教育，我们不能急于求成。只要遵循大脑的发育规律，配合孩子的生长阶段循序渐进就可以了。

孩子不想去幼儿园

已经上了两个月幼儿园了，孩子还是不习惯，每天早上去的时候都会大哭一场，真令人头疼！

妈妈得去上班了，你别哭了，快去找老师吧。

我晚上 6 点就会来接你，在那之前你要和老师、小朋友们一起好好玩儿哦。

即使孩子可能不理解，我们也一定要清楚地告知来接他的时间

孩子在开始去幼儿园的时候，往往会号啕大哭，那是因为他们心里感到不安。让我们来换位思考一下这时孩子的内心活动吧。他们可能会很生气或者很疑惑："我明明可以和最喜欢的爸爸妈妈在一起，现在却突然被带到这种地方来了。""被他们这样丢下，我该怎么办？"孩子心中的不安和恐惧很强烈，这很自然。

和妈妈分开时所感受到的不安情绪，专业术语叫作"母子分离焦虑"，它是婴幼儿的正常心理反应。出现这种情形，说明孩子和父母之间的依恋关系已经形成，孩子心中有了根深蒂固的印象："我在爸爸妈妈这里很好，我被保护着，被重视着。"这实际上是对父母为孩子所付出的劳动与爱的认可，我们应该觉得高兴才对。

同时，我们还应该知道，负责孩子预见能力的那部分大脑，这时还没有完全形成。"爸爸妈妈还会来这里吗？""我还要等多久？""也许他们会一直不来，把我留在这儿！"由于陷入这样一种不安和恐惧的漩涡中，孩子才会不配合。所以，我们要向孩子的大脑输入让他们安心的信息："被放在这儿只

是暂时的，几个小时后妈妈或爸爸一定会来接我的。”

父母可能会因为担心工作和生活中的一些事而烦躁，着急地想着“我得赶紧去上班了”“我要迟到了”。但我们要将这种情绪暂时放在一边，把关注的焦点放回到孩子身上，即使知道孩子不一定理解，也一定要认认真真地说：“已经早上8点了，妈妈要去上班了，下班时间是傍晚6点，6点半妈妈就来接你，在这之前，你要和幼儿园里的老师和小朋友一起好好玩。”这样说完，即使孩子还是不愿意，也不要动摇，只需要再强调一遍“放心，妈妈一定会来接你的”，然后把孩子交给老师就可以了。

此外，接孩子的时候要记得说：“你看，现在是6点半吧？妈妈说了6点半来接你，就一定会准时来的。”每天重复一遍这个过程对孩子来说是很重要的，因为这样做让孩子认识到了“妈妈6点半会来，我应该在这里安心等到那个时候”。所以，任何时候都一定要温柔、耐心地跟孩子解释，让他们感到安心。

如果父母能够这样冷静地和孩子交流，一般情况下3个月内，最多6个月，孩子的不安情绪就会减轻，因为内心确信了爸爸妈妈一定会来。有了这种体验之后，即使被带去陌生的地方，孩子也不会那么不情愿了。

孩子对什么都本能地拒绝

0～5岁

孩子是不是处于厌倦期啊，怎么对什么都是那句“讨厌”？我实在太累了！前几天孩子又说不想刷牙，我忍不住吼了他。

你怎么对什么都说“讨厌”？太任性了，妈妈已经不知道该怎么说你了！

你不想刷牙吗？能告诉我为什么吗？如果不刷牙，牙齿会被细菌吃掉的，那可怎么办呢？

从接受孩子的拒绝开始

虽然两岁以后的孩子会频繁拒绝，令父母疲惫不堪，但实际上，这恰恰是孩子大脑发育正常的体现。能够表明自己的主张，说明孩子已经开始自主思考了，这是值得庆祝的事情。

不喜欢洗澡，不喜欢刷牙，不喜欢妈妈准备的睡衣，不喜欢被限制行动，不喜欢回家……总之，不管做什么，孩子都是一个“不”字当头。这虽然很令人生气，但是，大家一定要记住，对处于生理之脑主导时期的孩子来说，父母越是发火，他们的拒绝越是强烈。

下面，请允许我用一个不是很礼貌的例子来形象地比喻一下。

人类在训练家养犬的时候，采用的是应用行为分析，最基本的要求是，对狗的狂吠乱叫绝对不能回应。在狗的世界里，如果听到领头犬回应自己，就意味着得到领导的认可了。所以，训练家养犬时，主人不能对不停吠叫的狗说“安静”“你太吵了”之类的话，因为它们会把主人的呵斥领会为“这是主人对我的回应”。为了引起更多注意，狗狗会更加漫无目的地吠叫。因此，正确的训练方法是，不关注、不理睬它们的乱叫，只有当它们做了正确的事情，才给予回应。

对于处于生理之脑占主导阶段的孩子，应对方式也基本相同。当他们吵吵闹闹喊着“讨厌”的时候，如果妈妈非常生气地对孩子喊“你为什么这么任性”“适可而止吧”，孩子可能理解成“我最喜欢的妈妈，终于理睬我了”。妈妈有反应本身就是一个认可的信号，所以孩子会更加闹腾。因此，当孩子大声说“不”的时候，父母应该看着孩子的眼睛，温和地说“哦，你不喜欢啊”。

对于“我想穿这双鞋子”“我要穿那件睡衣”之类父母认为孩子可以做，或者做了也不会有危险的事情，完全可以回一声“哦，好的”“我知道了”，然后让他们按照自己的意愿去做就行了。父母能够接受孩子的主张，是培养其自我肯定感的重要一步。接下来，就让我们像下面这样与孩子交流吧。

孩子：我不想刷牙！

妈妈：嗯？不喜欢吗？

孩子：是的。

妈妈：为什么呢？

孩子：我讨厌刷牙时嘴里的东西。

妈妈：讨厌刷牙时嘴里的牙膏沫，对吗？

孩子：嗯。

妈妈：好的，我知道了。但是，如果不刷牙，牙齿就会被细菌咬坏，很痛的，那时候你怎么办呢？

像这样，理解并接受孩子不喜欢刷牙这个事实，贴心地询问原因，然后引导他思考自己想要的结果。这之后，孩子就能逐步学会跟他人说出自己的想法，大脑也能适时得到训练，主动思考要做什么以及如何行动。

孩子在公共交通工具上吵闹

0～5岁

每次带孩子坐公交车或电车，他们一开始还很老实，但到了半路就开始吵吵嚷嚷，提醒他也不听，真尴尬。

别吵了，你为什么不能安静点？看看，周围的人都在看着咱们，多丢人啊！

你看，我们现在在这一站，再过两站我们就能下车了，再坚持一下。

清楚地告诉孩子还有几站就能下车

孩子在电车或公交车上磨磨蹭蹭，或者哇哇大哭、吵吵闹闹，父母都会感到难堪吧。我们也许担心周围的人会认为“都是当父母的没有把孩子教育好”，但是，我们应该明白，如果跟孩子说“安静”“你看，周围的人都在看呢，太丢脸了”这类话，试图以这种方法让孩子闭嘴，可能会适得其反。

另外，我们也经常听到一些妈妈跟孩子说“乖，再过一会儿就到了，安静点，忍耐一下”，实际上，这也不能算是聪明的做法。

从孩子的视角来看，被困在狭窄的座位上，被迫听着交通工具发出的枯燥的“咔嚓”声，百无聊赖地盼望着这种看不到尽头的行程快点结束，痛苦极了。他们唯一的排解办法就是，把这些信息传达给自己最为信赖的妈妈。所以，在孩子吵闹的时候，我们首先要理解孩子的烦躁心情，接受孩子想下车的诉求，再按照下面的步骤，告诉孩子具体情况。

公交车内一般都会有路线图和发光的行车标识，我们可以指给孩子看，“我们现在 ×× 车站，下一站是 ××，再过两个车站，我们就可以下车了”，或者“你听，售票员在报站呢，他说下一站是 ×× 站，等售票员说到了 ×× 站，我们就要准备下车了”，“你看，现在车停了，乘客们在上下车，对吧？再这样两次，我们就要下车了”。

也就是说，孩子听到“再过一会儿”“稍微等一等”这类模糊表达时，完全不能理解还要这样待多久，即使要求他们安静点，也丝毫没有用，因为他们会在心里想，“这样下去，我可受不了了”。看不到清晰的前景，孩子是没办法按照父母的要求改变想法和做法的。

此外，当孩子在公共场所吵闹的时候，父母向周围的人真诚道歉，说“打扰您了，真对不起”也是必要的。

幼儿的精神之脑还没有成长起来，不知道应该主动道歉，但父母作为成年人，自然明白这给别人添了麻烦，应当给孩子起到示范的作用。

在第 2 章我们提到过，能主动说“对不起”和“谢谢”是与他人建立良好关系的基础。如果从幼儿时期开始，就有意识地给孩子示范吵闹的时候说“对不起”，这会被孩子作为常识记住，对其自我肯定感的培养，以及与他人建立良好的人际关系都会很有帮助。这样，孩子长大成人后，如果给别人添了麻烦，他们也能够主动而自然地说一声“对不起”。

如果父母没做好示范，而只是说“你吵吵闹闹的，大家都会讨厌的”“叔叔会生气的，快停下来”这类责备的话，就会在孩子脑中植入“周围的人认为我是个麻烦”的印象，甚至可能导致他们成年后不易与他人相处。这一点请大家一定要注意。

孩子想要糖果或玩具时，得不到就死缠烂打

0～5岁

一旦父母不给买想要的糖果，孩子就死缠烂打，号啕大哭，父母既没面子又为孩子的任性而生气，可即便严厉训斥，他们也不改。

哭也没用，妈妈已经说了不能买！

你想要糖果啊，妈妈明白了，但是，你看看（给孩子看你的假钱包），妈妈钱包里没有足够的钱啦。

用儿童假钱包对孩子进行金钱教育

能够在父母面前真实地表达自己的喜怒哀乐，拥有“无论什么样的自己，父母都会接纳”这样的安心感，对于孩子自我肯定感的培养是很重要的。

所以，即便孩子躺到商店的地板上撒泼耍赖，哭着喊着“我想要”“我就要买”，父母也不可以强硬地把孩子推开，说“撒泼我也不会买的”“哇哇哭没用”这类话，我们可以先试着和孩子交流，问他：“你是因为想要这个糖果，才这样像乌龟一样在地上翻来覆去地打滚吗？”

请记住，勃然大怒，扔下一句“简直不可理喻，随你的便吧”，然后丢下孩子扬长而去是万万不可取的。这样会让孩子产生“被父母抛弃了”“父母不认可我”的不安，严重的甚至直接影响到以后的亲子关系。

我们在做到第一步，也就是对孩子的心情表示理解，说“我知道你的想法了”之后，第二步要做的是把孩子带离现场。我们可以一边对店员和周围的人道歉，一边尽快把不停扭动的孩子抱起来带到店外。抱孩子这个动作非常有用，因为既能通过身体接触，传达给孩子“妈妈并没有抛弃你”的信息，还可以让孩子明白“妈妈知道你是因为想要糖果而哭”。

可能这时候孩子还在哇哇大哭，带他们出去后，就要马上跟孩子心平气和地说“今天钱不够，妈妈没法给你买”。婴幼儿对“钱不够”这种抽象的说法，可能还不能完全理解，单纯用语言来解释金钱与糖果之间的关系，是不够的。所以我做了一个假钱包，在里面放了大约 35 日元，带孩子出门购物的时候，也把这个假钱包一起带着。如果孩子仍然黏着我，想要不应该买的东西，我就把假钱包拿给他看，说“你想要的糖果要 105 日元，但妈妈的钱包里只有 35 日元，买不到糖果”。

当然，也许孩子还是弄不明白 35 日元和 105 日元的价值区别，但这样拿着实实在在的钱跟孩子解释，会比反复地跟孩子说“钱不够”生动、有说服力得多。

此外，这种方法也涉及金钱教育。我们应该从小给孩子普及一些基本的金钱知识，比如，世上的东西都是需要用金钱购买的，一分钱一分货。

如果不告诉孩子什么是钱，怎样才能用好，当孩子遇到想要的东西时，可能会忍不住，甚至把借钱消费当成理所当然。从小教育孩子要根据手头能支配的钱，量力而行地消费，这样，他们才不会在未来进入社会后因钱而犯错。

孩子虽然还不能理解金钱的价值和计算方法，但他们因为想买什么东西而对父母软磨硬泡的时候，也是进行金钱管理教育的绝佳机会。所以，请大家一定要利用好前面说的那个假钱包。

孩子讨厌洗澡

0～5岁

父母反映：不知道为什么，孩子就是讨厌洗澡，每次都磨磨蹭蹭的。母子之间每天总是重复那两句话："快点洗澡。""讨厌！我不去。"真是好烦。

不洗澡多脏啊，快点来洗！

今天实在不想洗的话，可以不洗。不过，一定得好好洗脚，不然被子会被弄脏的。

别太较真，一天不洗澡又不会出什么大事

我们首先要明白，在养育孩子的过程中，最应该放在第一位的是什么。我认为是生命，也就是说，要教会孩子珍惜生命、顽强生活。在婴幼儿期，父母首先必须考虑和教会孩子的，是如何保护生命。因此，对那些有可能危及生命的危险行为，父母必须严加训斥，甚至让孩子感到害怕也不为过。比如，过马路的时候，明明是红灯，孩子却还想跑过去，或是孩子对着人摆弄刀具，父母就应该声色俱厉地批评。

除了关系到生命，这个时期再无任何必须对孩子严加训斥的事情，这是我一贯的主张。孩子不愿意洗澡这类事，完全没必要斥责，我们只要以他们能听见的声音说一句“不洗澡会很脏吧”就可以了。别说一天，就是几天不洗澡，也不会危害生命吧？我一直劝说前来咨询的父母在这些琐事上千万不要逼迫孩子。

相反，我一遍又一遍、苦口婆心地强调的是：孩子 5 岁以前，最应该重视的是他们的睡眠。

如果某天要做的事很多，洗澡可能会耽误睡觉时间的话，那不洗也没有关系。

既然孩子讨厌洗澡，与其每天都急急忙忙地催促他们快点，还不如宽容地说一句“实在不想洗就不洗了吧”。

在我女儿小的时候，洗澡在日常琐事的优先度上也很靠后，反正一两天不洗又不会危害生命。只要孩子说“今天我不想洗澡”，我一般都回答可以，但同时会告诉她：“作为交换条件，洗了脚才能进被窝，因为你在外面跑来跑去的，脚都脏了，会把被子也弄脏的。洗不洗脸都可以，但如果你脸上沾着在学校吃午餐时剩下的东西，蟑螂就会半夜来咬。如果你不希望那样的话，赶紧去洗脸吧。”

这样说完后，剩下的就交给女儿自己判断了。可以不洗澡，但要洗脚，否则会把被子弄脏，这样思路清晰地解释后，孩子一般都会照做的。

与其每天都在洗澡这件事上与孩子斗智斗勇，不如退一步说只洗脚、洗脸，或减少要求孩子洗澡的次数，来维持健康的亲子关系。

并且，不想洗澡只会发生在孩子小的时候。当他们长大后，开始在意朋友们的目光，或者进入青春期后开始注重外表，这样的事情就不会再发生了。

6～9岁

孩子沉迷电子游戏，一开始玩就停不下来

孩子非常喜欢玩电子游戏，一旦开始，吃饭、写作业全都忘了，让他停下来，他也不听。我正在考虑，是不是该直接把游戏机收走。

叫你停下来，你还不停，那我把游戏机拿走了！

我们应该好好计划一下。因为吃饭时间和睡觉时间必须严格遵守，所以你的自由支配时间是下午4点到5点半，在这段时间内，你可以自己决定做任何事。

学习、游戏都是孩子自由支配时间内可以做的事

从大脑发育的角度分析，玩电子游戏几乎没有任何好处，特别是在 5 岁之前。

在重点发育生理之脑的阶段，来自五官的大量刺激是大脑健康发育的必备条件。比起玩电子游戏、看视频，那些大量消耗体力的户外活动才更有益。玩电子游戏等虽然不是完全无益，但还是尽量少些为好。

为了避免孩子在上小学后沉迷电子游戏，在此之前，父母要尽量减少孩子接触游戏机等电子设备的时间。即便让他们用，也一定要做好时间限制。

为了促进孩子大脑的健康发育，我们要让孩子把睡觉、吃饭、运动作为生活的主要内容，绝对不能让电子游戏打乱了基本的生活节奏。例如，我们和孩子约定，只有傍晚的 30 分钟可以自由地玩电子游戏，那么孩子上小学之后，就不会一味沉溺于电子游戏而让人心烦。

父母之所以会为孩子玩电子游戏而苦恼，根本原因还是没有为他们制定明确的时间限制规则。有些父母说，最让人生气的是，明明已经说了不能再玩了，可孩子总是拖拖拉拉的，

不肯停下来，最后惹得人发火。但其实，孩子玩得正开心，仅仅因为父母突然说了一句“别再玩了”就马上停下，这是不现实的。

更加错误的做法是，在放任自流之后，突然哪天又说一句“说了你也不听”，就把孩子的游戏设备没收了，或者提出交换条件——“等考试得了 100 分再玩吧”，实际上，我们首先应该做的是与孩子定好规则。

在孩子低年级的时候，父母可以帮着制定这个规则。这时的关键是保证孩子的睡眠，帮孩子做好放学回家后的规划，让他们明白哪些时间是可以自己自由支配的。我们可以告诉孩子，在这段时间里，他可以自由安排自己的事情，但是，也要完成所有的学习任务。

睡前看电视、玩电子游戏等活动都会影响睡眠，所以如果想晚上 9 点睡觉的话，8 点以后就不能再接触这些东西了。所以，父母要帮孩子把学习、吃饭、洗澡等，都作为必做项目列入时间表，同时给孩子解释：“这一段是写作业的时间，这一段是吃饭时间，然后是睡觉时间。睡觉时间必须遵守，这样倒推的话，从 × 点到 × 点由你自由支配，可以做作业，也可以玩儿游戏。”像这样，父母要做的，只是保证吃饭和睡觉的时间不变，把剩下的交给孩子就可以了。

在自由支配的时间段内，无论孩子做什么，父母都不要干涉，即便孩子把所有时间都用在了玩游戏上，完全没有学习也要忍住。只有孩子因此受到了惩罚，才会考虑自己是不是应该先做作业再玩游戏。我们要给予孩子自主权，只要孩子开始自己决定游戏时间的长短，他们也就逐渐拥有了自我决定力、自我控制力和自我管理能力。

孩子不喜欢做作业，学习不主动

如果放任不管，孩子就不会主动去学习。几乎每天，我们都得拍着他的屁股，一遍遍催促“去做作业吧”，他才开始行动。真希望他能主动点。

作业做得怎样了？怎么还没动？不要总是玩游戏，好好做作业去！

这是你的自主时间，你可以做作业或玩游戏，做什么都是你的自由。

首先要让孩子拥有价值感和成就感，这将成为他们努力学习的动力

孩子上学之后，令父母头疼的一个问题是孩子不做作业。“怎么还不做作业”“不要光玩游戏，好好学习”，几乎每个父母都会这样训斥孩子。

很多父母都来咨询怎样才能让孩子主动做作业，我的方案与前面谈到的解决孩子总爱玩游戏的办法在实质上是一样的，也就是在约定好的孩子的自由支配时间内，让他们自己决定做什么与怎么做。

学习这种事，如果不是本人发自内心的诉求的话，是做不好的。无论父母怎么劝说，只要孩子本人没有因不做作业而吃苦头，他是不会主动去做的。

很多父母认为，玩游戏是不务正业，学习才是正事，担心如果让孩子自由支配时间，恐怕他们会光顾着玩游戏，第二天上学之前，又惊慌失措地喊着“完了，完了”。如果孩子有过这样的焦虑，他们就会自己总结经验教训：先做作业，才能更安心地玩。所以，允许孩子玩游戏也是一种教育策略。

如果在 6 ～ 9 岁孩子小学低年级开始，就让他们自己思考

并做一些决定，这样到了小学高年级，继而进入初高中之后，就算学业日渐繁忙，孩子也能自如地合理规划时间，把一切都安排得井井有条。这样一来，孩子和父母不会因为学习产生摩擦，孩子的思考能力和自我肯定感也得到了培养，真是一举两得，何乐而不为呢?

我的另一个建议是，要给孩子安排一些对全家人的生活都有帮助的任务。例如，把洗过的衣服叠好放到柜子里，把洗好的餐具放回原处，清洗浴缸，等等。总之，凡是那种如果孩子不做或做得不好就会影响其他家人正常生活的事情，都可以安排给孩子。

在我家里，做早餐的任务就完全由孩子负责。当然，我要事先跟她说好:“如果你不做，妈妈就吃不了早饭，所以拜托了！”刚开始的时候，孩子也总是搞砸，但是每天坚持下来，厨艺不断进步，她的自信心也得到了提升。

早上起床后走到餐桌前，看到孩子在认认真真地往餐桌上摆放饭菜，我心里感到很幸福。孩子考试得了 100 分，我不会开口说谢谢，但她用心准备了早餐，我会真诚地说一句“谢谢”。

有时候，孩子即便面临很辛苦的考试也坚持做早饭，只能靠提前起床努力多学一点。这时我会对她说："要考试了，你很辛苦，今天妈妈替你做饭吧。"孩子会高兴地表示感谢，然后主动利用省下来的时间去学习。在这个过程中，孩子不断得到父母发自内心的感谢，这对培养孩子的自尊心也是有益的。

这样，一方面孩子为家人做了事，并收获了他人由衷的感谢；另一方面，因为发现自己有能力做好某些事而充满了自信，自然也会在学习方面更努力。所以，父母与其天天跟孩子念叨着学习，不如照上面说的，做个轻轻松松的父母吧！

虽然是个男孩，却不怎么活泼，真让人担心

小朋友们都在外面踢足球，我儿子却一个人闷在家里画画，明明是男孩，却不怎么喜欢去外面玩，我有些担心……

你是个男孩子啊！别一直窝在家里画画！怎么不到外面活动活动呢？

这个地方选了这个颜色，太棒了，你真有品位！

不要只看孩子的性别，而要尊重他们的个性

我们普遍有种印象，认为男孩喜欢和伙伴们在外面跑来跑去疯玩，女孩喜欢安静地玩过家家。

然而，每个孩子都是不同的个体。现实生活中，既有喜欢过家家的男孩，也有喜欢爬树和冒险的女孩。

有些男孩不喜欢户外活动，更喜欢一个人待在家里，这就是这个孩子的个性。这种情况下，如果父母认定男孩就要喜欢户外运动，就无法了解孩子的个性，产生一些没必要的担忧，甚至会对孩子直接提出“你该活泼一些”的要求。

这几年在我指导的研究生里，有越来越多的男生会带着亲手烤的蛋糕或者曲奇饼干等点心来跟大家分享。这也表明，父母们越来越开明，不再执着于男孩子必须怎样，而是能够认识到孩子的独特之处，并给予支持。

每个孩子喜欢或擅长的事都是不一样的，父母不能拘泥于男孩和女孩之间性别差异的刻板印象，而应该把孩子作为一个独立的个体，用心观察，并根据其个性进行针对性培养。

有的孩子动手能力强，有的孩子味觉灵敏，有的孩子色彩感敏锐，有的孩子擅长计算，我们应该抛开男女的性别局

限，认可每个孩子的优点，并不吝惜溢美之词，把“真厉害啊，比妈妈煎的鸡蛋还好”“用这种颜色，妈妈连想都没想过，你的品位真好”等话挂在嘴边。如果仔细观察，孩子的才能就可能像美丽的花朵一样，在我们意想不到的地方肆意绽放。

根据解剖学知识，我们发现，男性和女性的大脑结构是有区别的。男性的大脑中连接左右脑的桥梁（胼胝体）部分很细，而女性的要粗得多。胼胝体越细，越倾向于“专业集中型”，越粗越倾向于“多任务发散型”。也就是说，男孩更容易专注于一件事，而女孩则更擅长同时处理多种任务。当然，这只是大致倾向，男生也有多任务发散型的，女生也有专业集中型的。下面，我们一起来看看你的孩子属于哪一种类型。

如果孩子不喜欢到处跑，而沉浸于一个人写写画画或做点什么事的话，说明他属于专业集中型，我们要多关注他的这个优势。这种类型的孩子一旦确立了自己的兴趣爱好，到了初中以后，就不再那么喜欢和别人竞争，而是倾向于“我就是我”，独立发展。如果同时能培养起他的多任务处理能力，他就会如虎添翼，将来步入社会之后，也会拥有很强的工作能力。

做饭就是培养大脑同时处理多项任务能力的最佳方法。我们可以一边做味噌汤，一边煎鸡蛋，同时烤鱼，最后，把这些热乎乎的饭菜一齐摆到餐桌上。做饭是最常见的多重任务活动，大家一定要舍得让孩子去实践。

6～9岁

孩子主动要求学习某项技能，后来却不肯坚持

孩子主动提出想学某项技能，我们就帮他报了特长班。可刚开始不久，他就说不想学了，后来甚至逃课，真让人生气。

你自己说的想学才送你来的，怎么又不想学了？想停下来也可以，但不是现在，这样太浪费钱了！

你现在不想学了吗？如果确定的话，妈妈正好把每月花在这上面的 8 000 日元拿去美容院办卡。

不要把放弃的责任全部归咎于孩子

很多父母告诉我，孩子说不想上某个特长班了，如果听之任之的话，担心无法培养他做事的韧性，也害怕他养成逃避的坏习惯。他们问，是不是要严厉批评，让他继续做下去。

对于这种情况，我建议可以坚持一个基本原则：孩子想做的事情，如果家里经济条件允许的话，就让他去做；如果他说不想做了，就让他停下来。

孩子在 6 ～ 9 岁的时候，如果被父母带去参加体验性的学习课程，当被问及是否想继续学时，常常会不假思索地说想学，而想放弃的时候，也往往没有什么特别充分的理由。他们不会像大人认为的那样，在心里认真思考再得出结论，不会有“这个不适合自己，把时间花在其他事情上更好”或“不希望和朋友一起玩的时间变少，所以还是少学点东西吧”等想法。他们的放弃也不会经过深思熟虑，更多只是因为觉得没意思了，不好玩了。父母大可不必担心会造成什么后果，更不用害怕他从此变成凡事三分钟热度、没有毅力的孩子。

相反，孩子正是需要通过各种各样的体验，才可能遇到真正感兴趣的东西，这对孩子的成长尤为重要。

因此，父母应当这样想：虽然学习的时间很短，但孩子在这个过程中经历了很多，积累了不少经验，当时让他来学习，真是个不错的决定。

我们要注意一点，不要把放弃的责任全部归咎于孩子。如果跟孩子抱怨“我辛辛苦苦地接送，你却总是偷懒，太浪费钱了，不想学就别学了”，或者“是你自己提出来要学的，现在又不认真，那就算了吧”，孩子就会觉得自己被父母讨厌了，很差劲，自然无法培养自我肯定感。

即便决定让孩子放弃，也不要让他们承担全部责任。你可以这样跟孩子说：“我们家的预算就这些，你所学的课程一个月需要 8 000 日元，如果你不想学了，那就把这钱作为妈妈的美容费吧。”“你的学习费用是从爸爸妈妈的工资里省出来的，既然你老是偷懒，也说了不想再去，那我就拿去做美容，小 A 也希望妈妈更漂亮吧？”像这样，我们以家庭预算、其他日常消费等作为让孩子停止某项活动的理由，一方面不会伤害孩子的自我肯定感，同时还能将这次经历变成培养孩子统筹规划金钱能力的好机会。

孩子心不够静，坐不住

6～9岁

我家孩子总是坐不住，即便只坐一会儿也会不停地东张西望，或者突然站起来。怎样才能让他成为一个安静沉稳的孩子呢？

怎么总是坐不住？你就安静一会儿吧！

你动来动去的，是因为好奇吧？太好了，也许将来你会成为一个发明家。

坐不住的孩子，往往聪明且好奇心旺盛

人们往往对坐不住、不够沉稳的孩子持否定态度：他的眼睛总是滴溜溜地转来转去，也不知道听没听见我们说的话。这样的孩子刚坐下来一会儿，就又忙不迭地跳起来，追着眼前的蜻蜓跑远了。父母也会担心：这孩子在学校也是这样的吗？会好好坐着听课吗？

父母可能很着急，认为孩子都上小学了，不应该这样。但从大脑的发育阶段来说，6～9岁时智慧之脑尚未发育成熟，因此，他们很多时候都在依从本能。

其实，换个角度来看，孩子坐不住、不沉稳反而是件好事。因为这说明孩子对各种各样的事物都有兴趣，好奇心相当旺盛。拥有这种特点的人，往往在探究能力和构思能力方面很有潜质。

所以，请不要简单地认为孩子坐不住是个缺点，而应该认真观察他们的兴趣所在，并做出积极的回应。例如：“小A真棒，轻而易举就发现了如此稀有的石头！”这样积极地认同孩子的兴趣，能帮助孩子建立起自信心。

父母辅导孩子做作业时，最容易出现一些不成熟的做法。

很多父母说："我就在旁边看着孩子写作业，但他很快就走神了，东张西望的，而作业呢，一点进展都没有，他倒还抱怨个不停。"但其实，走神、东张西望并不是孩子的错。可孩子坐到桌前明明是为了做作业，为什么会忍不住到处看呢？因为孩子被一些干扰分散了注意力。

很少有孩子特别喜欢做作业，如果书桌周围有玩具或便携式游戏机，他们当然会在意，不由得想伸手去拿。这再正常不过了。

另外，根据我的调查，孩子总往别处看，多半是因为电视机开着。在播放着电视节目的客厅里做作业，他们当然会坐立不安。

在要求孩子去做作业之前，要先跟他商议一下，"电视开着的话，会分散注意力的"，然后再把电视机关掉。

另外，如果孩子关心电视里的节目，提出诸如"总理换人了吗""雄狮子总是这样四处乱转吗"等问题时，父母不应只是说"其他事先别管，好好做作业吧"，而应认真回答孩子的问题。因为，这既是扩展孩子知识面的机会，也是让孩子感受到父母认可的重要途径。

孩子注意力不集中

6～9岁

我家孩子无法持续集中注意力，一做作业就感到厌倦，怎么能在不责骂他的情况下，让他做得更好呢？

集中精力好好做，没做完不准吃饭！

用写字练习本，你 5 分钟能写出多少个字呢？

让孩子集中注意力的诀窍之一是缩短学习时间

做喜欢的、开心的事，任何孩子都会集中注意力，甚至沉迷其中，父母喊他也听不见。所以，原则上说，没有不能集中注意力的孩子。孩子之所以有注意力不集中的情况，可能是因为他们对所做的事情有些反感，至少是不太想做，做作业恐怕就属于其中之一。具体到不同科目，有些内容孩子或许会觉得很有趣，但做作业这件事，却完全是被强迫的，做的时候当然就很难集中注意力了。

如果想让孩子集中精力做作业的话，首先应该像前面提到的那样，消除影响孩子的因素，如关掉电视，营造能让孩子专心的环境。

在此基础上，我们还要改变一些错误观念。学习时间不是越长越好，更不是只要付出了很长时间就能学好。而“作业没做完不准睡觉”“做不完就别吃饭”这种威胁的话，并不能促使孩子集中注意力，也无益于培养孩子的自我肯定感。

比起延长学习时间，在短时间内提高效率会有效果得多。所以，最好把学习时间定得短一点，这样，人的专注度就不容易下降。首先，准备一个计时器，设定一个5分钟的时间段，然后问问孩子 5 分钟内能写出多少个字。我们可以先让孩子猜想一下自己的能力，也许孩子会回答说能写一个，没关系，按下计时器，跟孩子说："好吧，请你在 5 分钟内写一个字。"孩子写完之后，我们可以根据计时器的结果说："你看，还剩 4 分 35 秒呢，就已经完成任务了，太棒了吧！"这样，孩子也会认为自己很棒。

我们可以继续同样的问题："你打算在接下来的 5 分钟里写几个呢？"这次孩子可能会回答说写 3 个，在他写完后，我们也要及时给予肯定："还剩 2 分钟，你写得好快，太棒了。"

像这样做，可以一点一点地让孩子预测自己在单位时间内的能力，帮助他们逐步提高。

到了小学高年级，孩子的作业会变多。那时候，我们可以和孩子商议："咱们是不是把单位时间段改一下？几分钟合适？"把决定权交给孩子。这样，孩子在父母认可的情况下坚持做下去，自信心会不断提升，最终就可以自己制订学习计划了。

如果我们在孩子 6 ～ 9 岁期间就逐步培养他们在短时间内高效做事的能力，帮助他们养成与自己能力相匹配的学习习惯，那么，到了精神之脑开始发育的小学高年级阶段，孩子就能够在学习方面进行自我管理，既能形成"我能行"的思维模式，也能有效提高自我肯定感。

孩子总是丢三落四

6～9岁

我们每天都尽量帮孩子把随身物品准备好，但他总是丢三落四，今天去学校好像又忘了带什么东西，怎么做才能帮他彻底改掉这个毛病呢？

明天要带的东西，你准备好了吗？如果又忘了，会很麻烦，对吧？多留神，别再落下什么了。

想一想：当时怎么忘带了，明天怎么做才能避免？

孩子真正意识到自己的这个问题，就会注意的

孩子如果忘记带东西，会感到难为情。所以，孩子刚上小学的时候，父母留心孩子随身物品的准备情况并予以指导，是很有必要的。但当他们长大一点时，父母就要学会放手。

有些父母怕孩子忘带东西，会一遍遍地检查，发现真的忘带时，还会立刻帮孩子送到学校。其实，这样反而会妨碍孩子的成长，是不可取的。如果父母实在放不下心，最多跟孩子提醒一句就可以了。

要想让孩子学会自己的事情自己做，在 6 ～ 9 岁期间进行训练是很重要的。父母的帮助要适可而止，同时要让孩子知道，不能事事依赖父母。

即使发现孩子忘带某样东西，也要装作没看见。我们可以不动声色地送他上学，放学回家后再不经意地问一句“今天没有忘带东西吧”，等孩子回答“忘带 ×× 了”时，再接着问“没耽误事吧”。如果孩子说“被老师批评了”或“好朋友借给我了”“发现忘带了，吓得我心里扑通扑通乱跳，但幸好没有用到”等，我们可以顺着说“是吗，被老师批评了啊”“朋友能借给你，真是太好了”“虽然没用到，但你还是很担心吧”，

然后接着问“那你觉得，明天开始怎么做才能不再忘带东西呢”。这样的话，孩子就会主动去改变这个习惯了。

同时，如果看到孩子为了不再丢三落四而自己花心思整理的时候，要赶紧鼓励：“你真棒，为了不忘带东西，还做笔记。”

有些时候，孩子会给出一些让我们哭笑不得的回答，如“朋友一定会借给我的，忘了带也没关系”。这时，不要急着否定，而先要表示认可。因为孩子既然能说出这样的话，说明他的确有可以信赖的朋友，也说明他确信自己人缘很好。

说起来有些不好意思，我女儿就有些丢三落四。在她上小学的时候，班里的黑板上经常写着“忘事大王小成田”这行字。班主任老师打电话向我反映情况时，我也只能真诚地道歉。其实我心里想的是：如果有困难的话，她自己总会想办法解决的。但她本人又似乎丝毫没有因为这事而难堪，所以我也没有严格要求。

有一次，我问她：“你这个忘事大王，会不会遇到很多麻烦呢？”结果，她回答：“忘带东西没关系，一定会有人来帮我的，因为我是超级人气王。”唉，这孩子，真让人不知道说什么好！但从女儿上中学开始，情况就起了变化，她很少再丢三落四了。之所以这样，是因为学校里有一项活动她特别想参加，但有个前提条件——不得忘带需要提交的东西。

当然，我女儿的情况比较特殊。一般情况下，不管孩子看起来多么爱丢三落四，只要意识到问题所在，他们就会下意识去改正。

所以，我们即便想帮孩子改掉坏毛病，也一定要适可而止。其实，不管是他们意识到问题后主动改正，还是在发现忘带东西的时候向朋友求助，都是很好的解决方法。总之，采用什么样的方法不是重点，让他们利用这些机会，培养遇到困难时自己解决问题的能力才是最重要的。

孩子性格羞怯，做事不够积极主动

6～9岁

我家孩子做事总是畏手畏脚，不敢主动参加活动，也不肯积极举手发言，看着真令人担忧，多希望孩子积极点啊……

小 C，你也多举手嘛，你看看，大家都在举手呢！

正确反应

认真思考后再采取行动，这是小 C 的一大优点。

看起来畏缩不前的孩子，其实行事更加谨慎

我们往往容易把孩子不主动举手、不积极融入圈子等行为全部归结于其害羞、保守的性格。

父母都迫切希望自己的孩子能够在所有的事情上都表现得积极主动，举手发言越多越好。这种期望太强烈了，所以一旦感觉孩子不积极，就会给他贴上负面标签，“唉，我家孩子呀，做事一点也不主动”。

有的孩子，无论什么事都敢大声喊着“我来，我来”，积极举手要求参与，有的则正好相反。其实，每个孩子的性格都不同，如果简单地把不积极归于负面性格，就容易忽略孩子性格的优势。

在这种定势思维的支配下，有时候父母会沉不住气。例如，有的父母会对总是磨磨唧唧的孩子大发雷霆，说“小 A，你也要积极举手，大家都举了”；有的父母干脆抓起孩子的手，帮他举起来；还有的一边说着“小 B，你也融入大家的圈子里去啊”，一边推着孩子的后背，强迫他参加活动。其实，这种明显的压迫感，只会加重孩子的不安情绪，不仅不能提高孩子的积极性，还可能让他们产生自我怀疑，甚至损害其自我肯定感。

孩子做事保守就一定不好吗？如果我们换个角度看，那些所谓的畏手畏脚，恰恰体现了他们的沉稳，即能够仔细观察情况后再展开行动。这么看的话，不主动积极绝对不是负面的特质。

我曾经与一位专家合办过一个工作坊，研究参加节奏游戏的小学生。

我们什么都不教，只是敲打着平底锅等发声的物品，让孩子们观看老师随着节奏跳舞。孩子们的表现也是五花八门，有的马上跟着跳起来，有的只是在一边静静地观察。

只是观察的孩子，表现也不尽相同：有的稍微看了几眼，马上也加入跳舞队伍；有的只是一个劲儿地看。那么，是不是那些只是盯着看的孩子，到最后一直都是这样的呢？当然不是！事实上，根本不需要任何人说“试试看”“一起跳吧”，不一会儿，所有的孩子都快乐地加入了跳舞行列。

其实，孩子在旁边观看的时候，已经把舞蹈动作放入脑中进行排练了。从另一个角度看，那些看起来缺乏积极性的孩子，就是做事谨慎、善于理性分析的孩子，这些特质也很可贵啊。

能够认真观察他人的表现后再行动，这样的孩子更善于在理解他人的同时决定自己的行动，反而更容易培养出真正的自我肯定感。

因此，不要总在心里琢磨自家孩子为什么不积极，而要多多关注他们性格里闪光的那一面。

孩子的人际关系似乎有些问题

6～9岁

听孩子说他被朋友打了，我很担心。我是不是应该拜托班主任关照一下，不让孩子在学校里受欺负？

被小 C 打了？好的，我知道了，我这就去找你们老师谈谈。

是小 C 打的你吗？你一定很难过吧？跟妈妈讲讲你接下来的打算好吗？

父母尽量不干预，让孩子自己想办法解决

当知道孩子和小朋友发生了纠纷，并疑似受到了粗暴对待时，父母一定不要轻易介入。

碰到这种情况，父母最常见的反应往往是对孩子的话深信不疑，然后火急火燎地去质问老师“我家孩子好像被欺负了，到底怎么回事”，或者又急又气地联系对方孩子的父母，和他们讨论解决问题的办法。其实，这两种做法都是不可取的。

即便我们心里觉得孩子很可怜，但也要明白，在孩子6～9岁这个阶段，最重要的还是培养他们独立思考和行动的能力。

而且，如果父母参与不当，还会导致孩子上学时感到难堪，或者与朋友的关系破裂。

父母应该做的，是促使孩子动脑思考如何解决这个问题，至少要询问他准备做什么。

孩子需要学会婉转地表达自己的想法，也要懂得与他人保持恰当的距离。处理这种问题的经验，对于孩子真正自我肯定感的养成很有意义。

孩子抱怨被朋友欺负了的时候，父母首先应该心平气和

地询问一下当时的情况，比如：

孩子：我被朋友欺负了。

妈妈：啊，发生了什么事？你很难过吧？

孩子：小 B 打了我！

妈妈：小 B 打你了啊？这事儿太恶劣，太让人气愤了。

先这样，像鹦鹉学舌一样，对孩子的处境表示理解，然后再继续交流。

妈妈：那么，接下来你想怎么办呢？

孩子：我要打回去！因为我不甘心！

妈妈：挨了打当然不甘心，你准备打回去，对吧？

孩子：对！被打了就要还手！

妈妈：是这样的，我能理解。

在这样的交流中，孩子能够感受到父母的理解，会放松和冷静下来，也许不一会儿自己就改变了主意。

孩子：我想了想，还是不要打小B了，打了他，他也会疼的，就不会再和我做朋友了，那样不好。

妈妈：是吗？那接下来你想怎么办呢？

孩子：和小B好好谈谈。

妈妈：好啊，那你想跟小B说些什么呢？

孩子：人被打了会不舒服，所以以后还是不要打架了。

像这样，一步步引导，让孩子自己找到解决问题的办法，才是正确的做法。

乍一听到自己的孩子被无视或被欺负时，父母往往会心烦意乱。但听到孩子说打回去时，又会焦急地想制止。

其实，孩子自己也知道这个解决办法不好。在他的人际关系出现问题时，父母不能惊慌失措，而应首先想到，这是培养孩子与他人和谐相处能力的绝佳机会，对其自我肯定感的建立非常重要，然后再沿着正确的路径引导孩子思考、行动。

孩子说不想上学了

6～9岁

刚刚发现孩子有些没精打采的，正担心着，结果他就跑过来说不想上学了。我担心这样下去孩子会养成逃学的习惯，该怎么办呢？

怎么能不去学校？必须去！要不然，你以后怎么办？

你不想上学了啊，能告诉妈妈原因吗？

父母可以跟孩子讲讲自己在这方面的经验或教训

孩子不想上学了，几乎和他们与朋友发生纠纷一样令父母焦虑。遇到这种情况，父母们往往特别担心：这样下去，孩子学会了逃学可怎么办？在我看来，这其实有点小题大做。

在6～9岁的时候，孩子突然说出“不想上学”的话，多数情况下父母根本不需要紧张，因为孩子们其实心里明白必须上学。

如果父母太过较真，孩子反而会进退两难。

同样，父母也不能大肆说教，更不能强行带孩子去学校。正确的做法仍是先用鹦鹉学舌的方式附和，“不想上学了啊”，并注意和孩子交流，了解他内心真正的想法。只要自己的心声能被倾听，孩子就能安心，年龄小的孩子第二天就会像什么事都没发生一样，高高兴兴去学校。

当然，我们也可以询问一下孩子为什么不想上学，听完之后说：“知道了，你是因为××，才不想上学的，对吧？”在对孩子表示理解后，允许他请假。

父母都会认为孩子不想上学这种想法是错误的，但回忆一下你自己的童年，上学日也并非每天都欢天喜地的吧？偶尔也会在心里想：真讨厌数学考试，我想休息一下；刚和一个好朋友吵架了，我在气头上说了些不合适的话，所以有些难为情，有点不想去学校见他……

我们可以认真回忆一下当时的感受，然后坦诚地跟孩子交流，比如：

妈妈：妈妈小时候也会不想上学。

孩子：啊？妈妈也这样过？为什么？

妈妈：有段时间特别害怕老师，就不想去学校。但是，我又不敢把这件事告诉我妈妈，就假装去上学，但其实逃学了。

孩子：后来呢？

妈妈：放学之前，我一个人在公园里待着，但这样就不能和好朋友一起开心地聊天，无聊极了，所以最后又想去学校了。

可以像这样，适当添加一些内容，讲讲自己的经历。孩子听完也会受到鼓舞，心想：原来妈妈也有过相同的经历啊。这样，他们也就放心了。从开拓视角的角度来说，孩子也知道了“如果不上学，还会发生这种事”。这种交流或许更有助于孩子的成长。

孩子不擅长运动，我担心他会因此自卑

6～9岁

我家孩子跑步很慢，身体也不太灵活，大部分的运动都不怎么擅长。我很担心他在学校的体育课上会因此自卑，被朋友欺负……

体育不好也没关系，你画画很好啊。

（坦然地）你本来就不擅长运动嘛。

坦然接受孩子不擅长运动这个事实

父母担心孩子不擅长运动的背后，是不是有着“不擅长运动就不出色”这样的价值观呢？

每个孩子都有自己擅长和不擅长的事情，体育运动不出色，并不会导致他们长大后生活艰难吧？跑步慢点也不会影响正常生活。

如果孩子本人特别在意这件事，那往往是父母给他制造了焦虑情绪，让我们回想一下，有没有说过这样的话，“体育不好也没关系，你画画很好啊”。

实际上，这种说法会给孩子造成他不擅长运动的心理暗示。因为“体育不好也没关系”是以“体育好是优点”这一价值观为前提的。也就是说，“擅长运动的人是了不起的”这种价值观完全是父母设立的，这会让孩子感觉不擅长运动的自己不如别人。如果再加上一句安慰话，又会让孩子觉得父母在怜悯自己，从而失去自信。

其实，不管是运动还是其他方面，父母都不要在语言上强调孩子的不擅长，这样能避免孩子产生自卑感，对提高孩子的自我肯定感非常重要。

这可能不太容易做到，但只要摆脱了“不会 ×× 就不行”的价值观，心平气和地接受孩子跑得慢、不擅长游泳等现实就可以了。

孩子很敏感，会感受到父母话语中蕴含的细微差别，只要没有传达“不擅长运动就是不出色”这样的情绪，即使父母坦率说出事实，孩子也会接受，并不会因此产生自卑感。例如，孩子在家庭生活中承担了某项任务，从家人那里得到了真诚的感谢，内心感到被信赖，就会自然地认为不擅长运动也没什么大不了的。如果父母说“即使妈妈不说，小 A 也不会忘记清洗浴缸和为大家放洗澡水，虽然他运动方面的确不在行，但我完全不担心他以后的生活”，孩子听见后，也会毫不自卑地附和，大方承认自己不擅长运动。

不擅长运动、学习成绩不好（比如数学考试只得了 32 分），等等，那又怎么样呢？我们一定要记住，人是形形色色的，每个人都有做不到的事情，培养孩子成为珍惜自己和他人的人，才是最重要的事。

孩子逆反情绪严重，受到批评立马大发脾气

10 岁以后

孩子上 5 年级以后，突然开始顶嘴了，对我们的提醒也很抗拒，特别是他情绪不好的时候，竟然用粗暴的语言反驳我们。

你怎么能跟父母说“烦不烦”这么不礼貌的话？好好听话！

正确反应

休息一下也好，但如果能帮我做晚饭，就更好了。

批评孩子的时候，要尽量表述得具体、逻辑清晰

随着年龄的增长，孩子进入小学高年级之后，以脑前额叶为中心的精神之脑会不断发育，青春期也随之到来。在这个阶段，孩子会经常与父母顶嘴，有时候甚至会直接指责大人，很多父母都会因此而苦恼。

精神之脑发育期的育儿要点就是，时刻注意与孩子的交流要条理清晰、有逻辑性。父母带着情绪或者用批评的语气与孩子说话，孩子往往不会接受。同样，如果父母情绪化地给出一些抽象的指示，或者指责得不明就里，还会引发亲子间的口角。例如，父母看不惯孩子无所事事，忍不住提醒“别那么吊儿郎当的，正经点”，他则会说“真烦人，妈妈不也经常浑浑噩噩地看电视吗”，或者抱怨“正经点是什么意思？不知所云”。被孩子这么一顶嘴，父母当然也会生气，免不得要发生争吵。但是，我们要明白，孩子的这种强词夺理，正是他们脑前额叶正在发育的表现。

在这个时期，“好好的”“正经点”这类太过抽象的提醒，容易导致口水战，例如：

妈妈：好好打扫！你为什么总是弄得这么脏？太邋遢了吧！

孩子：你太吵了！我已经做得够好了！

妈妈：不像话！弄得再像样点！

孩子：我这不做得很像样了吗？

妈妈：你看看，这像什么样子？

这段对话之所以饱含火药味，是因为父母与子女在房间整理效果方面的认识不一致。妈妈认为房间整理得井井有条才像样，孩子则认为，只要自己知道东西在哪里就行。所以，这个时期与孩子交流，要尽量有逻辑地传达具体的信息。例如，“不要把东西都堆在床上，绊倒人就糟了，衣服还会变得皱皱巴巴的”，“书要放在书橱里，衣服要挂在衣架上”。

还有一点也很重要，跟孩子说话的时候，不要以否定开始。比如，有时候孩子可能是随口说了一句“小 C 这家伙真让人生气，真想教训他一下”。妈妈听到后告诫他“少说这些想打人的话”。一旦这样以否定开启话题，孩子可能会脱口而出：“真烦人。”“你懂什么啊。”

如果孩子一被批评就大发雷霆，那我们要反思一下，交流中是否又用否定语气开头了。

孩子：小 C 这家伙真让人生气，真想教训他一下！

妈妈：啊，他都气得你想动手伤人了吗？

孩子：他在背后偷偷摸摸地说我的坏话。

妈妈：原来是这样。

然后还可以继续问下去，这是一种很好的交流方法。

妈妈：明天你见到小 C，真的会动手吗？

孩子：不会的，那样肯定不行。

这时，我们应当说“你知道怎么做才对，妈妈就放心了”。这样，既能向孩子表达出父母的信任，同时还让他感觉到自己的心情得到了理解，他就会慢慢冷静下来，做出正确的判断，思考解决问题的方法。

孩子乱放东西，怎么提醒都不改

10岁以后

苦口婆心地提醒过孩子很多次，他还是改不了乱放东西的毛病。最近更加过分，我刚说了句“收拾一下”，孩子马上就回嘴……

我要跟你说多少次，不要把袜子脱在客厅里！

我们立过规矩的，不许在客厅乱放个人物品，如果有东西乱放在那里超过一天，我发现后会当垃圾扔掉。

做好空间划分，设置完成时限

孩子乱放东西这件事，也容易成为亲子战的导火索。我经常听到有些父母抱怨：不管说多少次，孩子就是不肯主动收拾东西。其实，让孩子主动收拾东西的诀窍，就是把表述由“必须做”变成“可以不做”。

例如，我们可以跟孩子说：“在走廊上，这么突然扔出来一架手工课上做的木质飞机，可能有人会不注意踩到并摔倒，还会受伤。这多可怕啊！一定不要在公共空间乱放东西了。”“你的房间基本上只有你一个人在使用，所以即便东西放得乱，妈妈也不会说什么。你只要按照自己的标准，稍微收拾一下就可以了。”像这样，把理由明确说出来，孩子就更容易理解并接受。

所以，我们首先要将必须收拾的地方和父母不会干涉的区域区分开来，这样，孩子就不会产生不想收拾的烦躁情绪。同时，通过管理自己的空间，孩子的相关能力也会得到提升。

如果已经规定了“公共空间要保持整洁，不能乱放私人物品”“自己的房间由自己收拾”，那么，无论孩子的房间是什么样子，父母都不应该再插手，哪怕乱得惨不忍睹，也一定要忍住。一旦贸然插手，孩子会认为父母违反了规定，说话不算话，就不愿意再听话了。

同样，既然有了规定，如果孩子还在客厅里乱放私人物品，那就可以批评了。

这时的批评也要讲究方法。看到孩子乱扔东西，有些父母可能会脱口而出："要告诉你多少遍，不要把袜子脱在这里！"我们应避免这种抽象的训斥，而要指出时限等关键信息。例如，"如果我发现袜子在这儿乱放一天以上，就会把它们当作垃圾扔掉，你用自己的零花钱去买新袜子"或"不在客厅里乱放东西是规定，对谁都适用，不仅仅是你，爸爸妈妈也一样"。

平和冷静地制定规则，并约定好时限，一旦孩子违反，就直接执行。这样简简单单的几句话，就能解决长期困扰家人的、孩子在客厅里乱放袜子的问题。

当然，对其他犯错的人也要一视同仁，否则，就很难解决问题。孩子最不能接受父母言行不一，精神之脑发育越成熟的孩子对模糊的说法和父母的因人施策、前后不一会越排斥。

父母要做的就是记住：做好空间划分，设置完成时限，用语符合逻辑，规则坚决执行。

孩子对什么都说“无所谓”，缺乏热情

无论父母说什么，孩子都说“无所谓”“怎么都行”，对什么都缺乏热情，真担心这样下去，他会变成那种无精打采的人。

你怎么总是无精打采的？振作一点！

虽然你什么都没说，但每天都在为我们做事，真得谢谢你的默默付出。

让孩子在日常生活中全权负责一项事务

如果孩子无精打采、对任何事都没有热情，那么我们首先要观察一下他的生活节奏，特别是睡眠状况是否正常。

生理之脑、智慧之脑和精神之脑可以说是三位一体的。如果掌管身心健康的生理之脑休息不充分，其余两部分大脑的工作也会受到影响，缺乏活力、无法主动思考。

就像第 1 章中谈到的那样，问卷调查显示睡觉时间越晚、睡眠越不充足的孩子，自我肯定感越差，积极性和干劲儿越不足，越不会主动与人交往。

小学生的睡眠时间应该达到 10 ～ 11 小时，但在现实生活中这的确很难实现，所以我推荐的睡眠时间是幼儿 10 个小时、小学生 9 小时、中学生 8 小时，父母要尽量帮孩子做到。现在的小学生，因为上课和升学考试已经很忙了，但如果察觉到孩子没有精神，还是要设法让他们尽早上床睡觉。

此外，从 10 岁开始，青春期前的儿童正处于建立“自我”即“身份”的过程中，这使他们能够作为独立的个体生活，会与幼儿期的以自我为中心形成鲜明对比。

孩子在这个时期产生了既想独立、又想撒娇的矛盾心理，还会感觉到大人说的并不都是对的，所以内心想法非常复杂，在回答父母问话时，才总说“没什么”“无所谓”“什么都行”这样的话。孩子的这种表现，有时会让父母觉得叛逆，有时又给人热情不足的感觉。

除此之外，还有一个原因，很多孩子从小习惯了父母的命令，自己反而没有了积极性；也有一些孩子，到这个阶段开始对父母的干涉或介入感到无奈和厌倦。

不管怎么说，对那些表示做什么都无所谓的孩子，如果父母只是一味抱怨，会加重孩子的逆反情绪，结果变本加厉。

正确的做法是，在日常生活中，要求孩子必须承担一定的责任，有意识地让他们去扮演应该扮演的角色，承担应有的义务。

可以选择的事情有很多：做早饭、打扫浴室、准备洗澡水，或者每天给弟弟妹妹洗饭盒，也可以让他们遛狗、喂猫、给花草树木浇水等。给孩子安排任务的时候一定要告诉他：“如果你不收拾好浴室的话，大家就不能洗澡了。”“如果你不做的话，大家就没早饭吃了。”“如果忘记带狗狗约翰去散步的话，它会一直憋着不尿尿。”“如果不做 ××，家里的某人就会遇到麻烦。”如果孩子每天都认真地做了，则要由衷表示感谢：

“即便我没提醒，你还是每天都记得做这件事，帮了大家大忙了，谢谢你。”在这个过程中，孩子会深切感受到帮助别人所带来的喜悦，增强信心，进而培养出“我可以”这种自信。

孩子只要每天能完成父母交代的任务，哪怕他真的对其他事情都抱着无所谓的态度，父母也无须担心。对待即将进入青春期的孩子，父母更不要只关注事情本身。

孩子没有主见，容易被他人的意见所左右

有一天，我家上五年级的孩子突然提出要和朋友一起去游戏厅玩，我当场就拒绝了。这孩子平时就很没主见，总是跟在朋友的屁股后边做事，我真担心他的将来。

怎么能去游戏厅那种乱七八糟的地方，是谁提议的？不要总是跟在别人屁股后面走，自己动脑子想想！

哦，是小D邀请你去啊，那么，你想去吗？为什么呢？

从对话中了解孩子的想法

容易被他人的意见左右，从另一个角度看，也意味着孩子在想法和行动上能够配合朋友。消极地看待这件事，会认为孩子容易受别人影响，没有主见，但如果看到事情的积极一面，就会发现孩子善于听取别人的意见，能与他人合作。

即使孩子附和朋友，但如果他对朋友的意见和自己正在做的事情进行了综合判断，这也是孩子独立思考后做出的选择。这个时期，孩子的精神之脑已经成长起来了，父母不要再消极地认为孩子容易人云亦云。其实，与朋友合拍，可能恰恰表明了孩子能够站在对方的立场上考虑问题。

相反，如果孩子不善于独立思考，而是全盘接受朋友的意见，亦步亦趋，那就说明孩子的精神之脑还没有成长起来。父母应该在日常交流中搞清楚，自己的孩子到底属于哪一种。

而且，和朋友一起去游戏厅这件事，父母其实并不能确定是朋友邀请的，还是自家孩子提出来的。如果父母没有搞清楚这一点，就擅自断定孩子没主见，那就是不信任孩子的表现。

我想重申一遍：要想与孩子顺利地交流，一定要从肯定的语气开始，这一点万万不可忽视。

当孩子说明天要和大家一起去游戏厅时，如果父母一开始就拒绝，并批评孩子没有主见，那么孩子可能就不会继续和你交流了。

所以，请先把不安和担心放到一边，用肯定的语气跟孩子聊一下。

妈妈：哎呀，不得了，竟然能和朋友一起去那里啊！是有谁邀请你去吗？

孩子：是小 D 说了要去的。

妈妈：哦，是这样，那么，你想去吗？

孩子：嗯，想去。

妈妈：为什么呢？

这样的话，孩子可能会告诉父母他想去的真正原因，比如因为那里很好玩。这时，我们要跟孩子讲好绝对不能做的事情，并约定好回家的时间，然后让他去。如果孩子的回答是“其实我想待在家里的，但是考虑到应该和朋友一起”或者“不去的话会被排挤”，我们就可以说:“原来你是这么想的，但是，这样不情愿地去游戏厅，也不会玩得很开心吧，你觉得呢？”我们要像这样引导孩子进行思考后再做决定。

如果害怕被说不合群的是高年级的孩子，我们可以教他说“告诉你的朋友，妈妈不舒服，需要照顾”，同时嘱咐“原则上是不可以说谎的，但这是权宜之计，是为了不伤害对方而不得已为之的”。借这个机会，我们正好可以把“善意的谎言可以为之”这个常识教给孩子。

孩子说学校的学习没有意义

10岁以后

最近孩子突然说：“学习真没意思，为什么一定要上学呢？”我不知道该如何回答。

小孩子必须去上学，这是你们的义务。

法律规定，父母要送孩子去学校学习，否则，我们就犯法了。

对于孩子可能会问到的一些重要问题，父母要准备充分，逻辑清晰地回答

孩子 10 岁左右、脑前额叶开始迅速发育时，可能会在某一天突然跟父母说“上学真没意思，为什么要去学校呢”。很多父母都无法给出合适的答案，有些会说“因为有规定”。对于这种回答，已经能够逻辑思考的孩子其实不太能接受。

孩子 10 岁以后就会胡搅蛮缠了，如果父母的回答在逻辑上讲不通，孩子就会不耐烦，甚至反驳，父母反过来又会责备孩子。如果长期这样交流，孩子会瞧不起父母，最终对亲子关系产生不好的影响。

“为什么一定要去学校”这个问题是孩子们极有可能跟父母提出的问题之一。如果我们提前做好准备，想好答案及回答的方式，就不会手忙脚乱了。

其实，父母的回答不一定要完全一致，因为根本没有所谓的标准答案。

如果想提升孩子的自我肯定感，“为了在学校与各种各样的朋友、老师交往，学会处理人际关系”就是不错的答案，这样回答可以提高孩子的社会技能。当然，“学习是一生中最重

要的事，上学是为了让我们感受学习的乐趣、明白学习的重要性”，这样的回答也未尝不可。但第二种回答可能会被反驳——“但是我讨厌学习，觉得没意思，就是不想去学校”。所以，我们要事先准备好针对性的回答，如“上小学和中学是国家规定的义务教育”。

事实上，很多人都搞错了，义务教育并不是指上学是孩子的义务，而是指父母送孩子上学的义务（就学义务）。这是日本教育法所规定的，如果违反会被处以 10 万日元以下的罚款。

因此，如果要用义务教育作为理由，就应该把正确的概念告诉孩子们：“教育法规定，父母必须让孩子上学，这是义务。如果我们允许你不去上学，就违法了，甚至要缴纳罚款，所以你必须去上学。”

对于孩子的疑问，大人要用正确的理由来回答，这对促进孩子的大脑发育，以及树立父母的威信都是至关重要的。

父母在日常生活中清晰地回答孩子的问题，能让孩子养成富有逻辑性的思维和表达能力，这种重要的技能不仅对将来经营人际关系有用，在孩子遇到困难或麻烦时，也能派上用场。

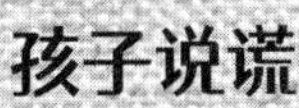

孩子说谎

10 岁以后

我们发现，把孩子一个人留在家里之后，钱包里买菜的钱少了，问他，他说："不知道，是爸爸拿的吧……"

家里不就你一个人吗？别说谎了！绝对不能撒谎！

妈妈比侦探还要聪明，谁都骗不了妈妈哦。

与其义正词严地训斥孩子，不如让他知道说谎是没用的

当孩子到了懂得金钱价值的年龄，或许会发生这样的事，我们去求证时，他还会说“不知道，是爸爸拿的吧”。听到这样的谎言，父母多半会震惊又悲伤，但是，如果没有确凿的证据，尽量不要训斥孩子，就连警察断案都会“疑罪从无”。

钱被放在了触手可及的地方，自然会有人想要得到它，所以，把钱包随便放在外边的父母做得也不对。为了杜绝这种事，父母要好好管理钱包，比如把用钱日期和余额记清楚。如果是家庭公用钱包，就应该要求全家人：不管谁花了，都要拿着收据向管理钱包的妈妈报告支出情况。例如，孩子买了必需品之后，当天跟妈妈汇报：“我从这儿拿了 1000 日元，用 300 日元买了两本笔记本，这是购物小票，这是找回的 700 日元。”这样做，也是在为孩子日后的理财教育做准备。

如果钱包里的钱再次莫名其妙地少了，我们怀疑是孩子拿的，就可以跟他说：“钱少了 1000 日元，你又没有收据，只能从你的零花钱里补上了。”只要有过一次这样的经历，孩子就会觉得麻烦，不再偷钱、撒谎了。

孩子或多或少都会撒谎，有时是因为不想被训斥，有时

是不想让父母担心。当谎言被揭穿的时候，我们可以直接问孩子撒谎的原因，但如果一味地纠结说谎这件事，执拗地批评孩子，那就又不对了。与其这样说，还不如直接严厉地施加压力，说“撒谎是没用的，我一眼就看穿了”。

孩子撒了非常拙劣的谎时，我们可以逻辑清晰地推理一下：“我出门之前明明有三个，现在只有两个了，如果不是鬼怪拿走的，那就只有你了，是吧？”如果孩子从小被灌输“妈妈喜欢推理，比一般的侦探都要聪明，撒谎是骗不了她的”这样的意识，他们就会知道，只要自己撒谎一定会被揭穿。将来即使父母不训斥，他们也很少会撒谎。

父母往往会认为，孩子是绝对不能撒谎的，发现孩子触犯禁忌后，就会严加斥责。其实，我们应该认识到，有时候撒谎也是权宜之计，甚至可以帮别人解决问题。

如果父母机械地把不能撒谎作为金科玉律，经常训斥孩子，他们在碰到难以启齿的事时，就很难说出真话。特别是到了青春期，由于不想让父母多担心，撒谎次数也会越来越多。

在精神之脑发育时期，父母与孩子之间的信任关系，比以往和以后任何时候都重要，孩子如果无法对父母说出真相，后果会很严重。在这个本应大力培养孩子自我肯定感的时期，他们却无法从父母那里得到精神方面的强力支持，这是非常可悲的。

如果孩子在成长中发现自己对父母撒的善意的谎言已经被揭穿了，父母却什么也没说，一直在默默庇护着自己，这样的体验其实对他们的健康成长也非常重要。因此，请父母一定要意识到这一点并坚持这样做。

试一试

把信息准确传达给孩子的声音训练 3

传达的声音要不含情绪、足够洪亮

在访谈中，父母经常会抱怨孩子总是接收不到自己的信息。其实，有时候他们说的内容完全没问题，但与孩子说话的声音却过于低沉。这时候，如果用比平时高 1 ～ 2 个音阶的声音，孩子可能突然之间就有了反应。

另外，不含任何情绪、较平静地发声也是关键，特别是在传达负面信息的时候。如果夹杂了情绪，声音就会变得低沉，语速也会变快。所以，请先把情绪放在一边，用洪亮的声音试试吧。

另外，句末的音调往往容易下降，也要注意。

正如我们在前面的“声音训练”中说过的那样，如果用接球的感觉做发声训练，传达信息就会更容易。

你的自我肯定感高吗

你是否曾被担心、不安和恐惧笼罩

如果父母的自我肯定感低，那么孩子的也不会高

我们首先应该认识到，虽然父母强烈希望提高孩子的自我肯定感，但在其形成过程中，最大的影响因素还是父母的激励和对孩子的说话方式。父母的自我肯定感不高，自然会影响到孩子。

我成立了一个名为“科学育儿轴心”的专家工作坊，为正在育儿的年轻父母们提供相关帮助，很多有育儿问题的人都来咨询，甚至加入了工作坊。从自我肯定感的测评结果看，很多苦恼的妈妈，她们自身的自我肯定感也明显偏低。

总体来看，这些妈妈虽然自我感觉还可以，但对自己的人际关系普遍评价偏低。

究其原因，她们在与他人交往时经常感到不安和恐惧，因为她们非常在意别人的看法。

父母没有坚定的信念，抚养孩子时就会在不知不觉中同别人比较，会因为孩子在某些方面做得不好而苦恼，甚至因此经常训斥孩子。

现在的很多父母，备受功利主义等观点的影响，迷失了自我，无法形成科学的育儿观，自然就意识不到哪些是孩子成长过程中真正需要的。在这些父母的观念里，培育孩子生理之脑，远不如培育智慧之脑重要。

另外，如果父母存在“社交恐惧症”，孩子与他人交往的机会自然也会减少，也就无法发展出真正的自我肯定感。父母如果过于在意别人的目光，那种“不能被别人欺负”的想法也会增强，在看到孩子处境不利时，他们会过分干预，过度保护孩子。其实，他们已经在不知不觉中影响了孩子自我肯定感的发展。

父母也要从好好睡觉做起

自我肯定感低的父母经常会不安、担心、害怕，他们的睡眠时间也严重不足，普遍是因为忙于家务、育儿、照顾家人、工作等。对参加我们工作坊的妈妈们进行访谈后发现，她们一直晚睡早起，晚上要制作盒饭，为孩子的随身物品粘贴名字，为第二天的活动做准备，还要完成白天没干完的工作，等等。做完这些事情，即使上床休息时已经凌晨 1 点，也要照常在早上 5 点半起床为家人做早饭。这就是日本妈妈们的生活常态。

睡眠不足会导致大脑中具备安神作用的脑神经递质 5- 羟色胺的分泌质量变差，从而使人失落、不安、烦躁，对人的身心皆有损。这些长期缺乏睡眠的妈妈会因为忧心孩子的琐事而坐立不安，会担心被别的妈妈讨厌，会因为一点小事就焦躁地训斥孩子，也会觉得自己无能而情绪低落……

既然“罪魁祸首”是睡眠不足，想要提高孩子的自我肯定感，父母首先就要好好睡觉。有了充足的睡眠，妈妈就不会轻易被那些过度的不安情绪所淹没。

改变习惯的生活方式可能很困难，何况，在日本女人的传统观念里，丈夫回来之前自己是不可以先睡觉的。这时候，我们一定要克服心理障碍，告诉自己和家人，“为了提高家人的生活质量，我必须早点睡觉”，先让自己成为一个睡眠充足的健康的人，才能更好地照顾家人。自我肯定感提高了，妈妈便能以平和的态度应对孩子的问题及自己人际关系中的烦恼。

为了家人而牺牲自我反而可能有害，倒不如关心自己的睡眠，这样才能营造和谐轻松的家庭氛围。

我们要注意调节自己的状态，经常微笑，因为父母的好心情，对培养孩子的自我肯定感不可或缺。

笑能改变自己和孩子

提高自我肯定感的关键，就是有能力爱自己。

在“科学育儿轴心工作坊”研讨会上，我们在举行“试着悦纳自己”的活动后发现，一个人如果不喜欢真实的自己，他的自我肯定感不会很高。如果自信到能说出“哇，我真是厉害得出乎意料啊”这样的话，这个人在面对生活中的诸多麻烦时，也会镇定自若，泰然处之。

告诉大家一个秘密，我们家的每个人都坚信自己很漂亮。每次出门，大家都轮流跑到镜子前，一边自我欣赏一边询问：“看看这个发型，是不是让我像个贵妇？”“哎呀，这件夹克真适合我。”“我的腿好长啊！”这种情景如果让外人看见，我们当然会不好意思，但其他家庭成员都不会忘记捧场，会及时赞扬一句“非常棒”“很适合你”。

这种适度的自我欣赏，是提高自我肯定感的秘诀之一。

我们工作坊最开始的练习就是把镜子递给学员，让他们从自己的脸上找出优点，并用语言描述出来。

刚开始的时候，大家都有些难为情，过了一阵子，才陆续有人说出来。例如，“我有非常好看的细长的眼睛”“我耳垂的形状很好看，我自己都很喜欢”“我的唇形，有点性感吧”……

我们的第二项要求就是微笑。现在，有很多人不懂得如何展露笑容，想笑却笑不出来。

可是，我们应该都知道微笑的力量吧，仅仅一个微笑，人际关系就能变得融洽。当我们初次站在异域街头，惶恐不安之时，若是擦肩而过的人微笑着打了一个招呼，我们马上就会觉得踏实了许多。笑容是最好的交流手段，全世界共通，其蕴含的力量如此之大，能够打破语言的壁垒。

母亲爱笑，孩子也会更开心。因为一个人笑起来的时候，身体内部会产生更多的5-羟色胺，心情也会变好，目睹这一切的孩子就会更安心。所以，微笑是让父母心情产生转变的最简单的方法。

我们可以在照镜子时，一边仔细寻找自己身上的优点，一边夸奖，训练自己开心地笑出来。

美好的微笑，也是需要认真练习才能获得的。大家可以先按摩一下表情肌（如 173—175 页的“试一试”专栏），放松放松。这之后，我们的心情也会跟着放松下来，自然就能展现灿烂的笑容。

换挡，从消极走向积极

从负面评价转向正面评价

人的自我肯定感低，就会到处找毛病，比起做得好的方面，更容易关注那些做得不好的地方，最后形成恶性循环，对自己的评价越来越低。

这样的父母很难理解大脑发育的原理并尊重孩子的个性，总是在一些琐碎小事上批评孩子。同时，他们也会认为自己作为父母是不称职的，自我肯定感会越来越低。

表情肌按摩

按摩指法要点与注意事项：

- 为了让面部肌肉充分放松，请加大一些力度，有一点痛感也无妨。
- 大拇指放在下巴后面支撑脸部。

① 咬肌按摩

双手贴于脸颊，按摩从颧骨到下巴的咬肌。

- 咬肌就是咬紧牙齿时会变硬的地方。

② 声肌按摩

双手放在下巴上，按摩从下唇到下巴尖的声肌。

③ **颧骨大肌、颧骨小肌按摩**

双手放在脸颊上，从脸颊较高的位置到上唇，边推边按摩。

④ **眼轮肌按摩**

双肘撑在桌子上，轻按眼睛周围的眼轮肌。

- 注意中间不要松手。

⑤ 额肌按摩

双肘撑在桌子上，从眉毛上方向头顶按摩。

- 注意手指的位置逐渐向上移动。

⑥ 颈部和锁骨上窝按摩

沿着从耳下到锁骨中心、再到肩部的顺序按摩。

- 在意念里想着把身体里的废物冲走。

我们在日常生活中要变消极意识为积极意识，这也许并不容易，但一定要努力去做。例如，我们可以先试着将负面评价改为正面评价，如下面的专栏所示：

负面评价		正面评价
• 这孩子总是坐不住	▶	真是个精力充沛的孩子
• 这孩子太狂妄了	▶	真是个正直的孩子
• 这孩子话太多了，真烦人	▶	这孩子具备很强的信息共享能力
• 这孩子笨嘴拙舌的，真讨厌	▶	真是个善于倾听的孩子
• 这孩子畏畏缩缩的	▶	这是个做事谨慎、认真的孩子
• 这孩子真固执	▶	这孩子很有自信
• 这孩子怎么这么没耐心	▶	这孩子能够直率地表达自己的想法
• 这孩子缺乏忍耐力	▶	这孩子灵活，转换力很强
• 这孩子不会拒绝	▶	这孩子对人很宽容

- 这孩子有心理阴暗的一面 ▶ 这孩子性格内敛
- 这孩子怕生 ▶ 这孩子有很强的感知力
- 这孩子不肯积极举手发言 ▶ 这孩子也许正在认真思考
- 这孩子反应慢 ▶ 这孩子也许正在安安静静地思考
- 这孩子到处乱跑，真吵 ▶ 这孩子看起来很开心
- 这孩子总是一个人，孤僻 ▶ 这孩子拥有自己的内心世界

看了上述对比，大家有何感想？是不是仅仅将视角从负面转为正面，我们就好像拥有了一个颇具个性和才能、优秀的孩子？这样，你就能充分肯定孩子，对孩子的态度由消极变成积极，跟他们说话的方式也自然会发生变化。

转换视角的方法也适用于父母自身。如果发现自己产生了“为什么我会这样”的消极想法，就试着把这句话写到纸上，

再转换成积极的表达方式吧。

负面评价		正面评价
• 我总是很冒失，喜欢贸然下结论	▶	我对很多事情都很关注
• 我总是生气	▶	我正义感很强
• 我不细心，不机灵	▶	我不拘泥于细节，大大方方

如果能像上述这样转换思维，我们对自己的很多负面评价可能就变成了正面的，自己就会越来越自信。

一句“多亏了你”，能够缓解紧张的亲子关系

父母如果每天都很忙，就会变得焦躁不安，甚至可能会形成只有自己这么努力的“受害者心态”，对孩子的不配合心生不满。

同时，这样的父母也会厌恶孩子的一些小缺点和不足，说出一些尖酸刻薄或者其他不该说的话来。

在这样的家庭中，亲子关系往往会很差，这当然不利于孩子的健康成长，那些刺耳的话也会损害孩子的自我肯定感。

为了能将消极思维转换为积极思维，请试着在说话时加上一句“多亏了你”。

例如，孩子说想吃饺子，所以妈妈特意去买了食材，结果他现在又说想吃意大利面了。如果妈妈心想“早这样说，我就不用白跑一趟了，真是的”，那么要提醒自己赶紧转换思维，变成“多亏了你，冰箱里有了很多存货，我们现在可以做卷心菜卷了”。

再比如，一旦自己总是抱怨“丈夫总是加班，家里的事什么都不干，全家就我最辛苦”，就要做出改变，想着“丈夫到了休息日就会照顾孩子，挺好的，孩子们都很喜欢他，多亏了他”。

有时候，这么做可能有点强人所难，但只要我们坚持多说“多亏了你”，就会不知不觉形成相应的积极的思维模式。

这样，当孩子成绩不理想或遭遇失败时，我们就能自然地跟他们说“多亏这次经历，以后你就知道该怎么做了”。

如果父母平时习惯使用“多亏了你”来表达感情，孩子自然会模仿。在这种环境中长大的孩子，即便遇到什么不如意的事情，也会从积极的角度思考问题。所以，“多亏了你”是一个神奇的、具有魔力的句子，可以把父母和孩子从消极的世界中解救出来。

不要把愤怒完全看作是负面的

不少父母看不惯孩子的言行，动辄就生气、责骂孩子。经常有咨询者问我，如何才能成为不对孩子发火的父母。

但实际上，父母不可能不生气，因为愤怒的情绪产生于生理之脑，是人的自然情感。同时，愤怒能使植物性神经系统中的交感神经更加活跃，让身体变为临战状态——这种快速反应能力，是作战和逃跑这两种自保行为所必需的。

愤怒原本是生命个体为自保而产生的一种情绪反应，本身无所谓好坏。人也是动物的一种，会生气是很自然的，我们不必把生气完全看作是一件坏事。

而且，即使感到愤怒，多数人也不会完全被愤怒的情绪驱使行事，因为脑前额叶在帮助我们进行理性控制。例如，当孩子把果汁弄洒时，我们虽然心里很生气，但还是能控制住不发火，在心里说“冷静一下，这时候训斥孩子可不好”，这就是脑前额叶在发挥作用。

因此，我们虽然不能成为永远不生气的父母，但在脑前额叶的帮助下，能成为不随意生气的父母。

如果我们总是生气，总想发火，就要进行“愤怒管理”，以不随意生气为目标，加强自我控制。

要理解并记住“愤怒管理”这个词

愤怒管理是一种有效控制情绪的方法，帮助人们做到该生气的时候生气，不该生气的时候就不生气。

理解了这个词，我们就会减少感情用事，不再不加节制地随意训斥孩子。相应地，大光其火之后的后悔和自我厌恶感也会减少。

其实，愤怒管理的诀窍很简单，下面我们一起来看看：

> 一旦感觉自己气血上涌，马上在心里默念“1，2，3，4……”，慢慢数到 6，然后深呼吸。

之所以要这样，是因为控制情绪的脑前额叶，无法立刻应对突发状况，从愤怒情绪的产生到理性情绪的发动之间，有6秒左右的时间差。也就是说，我们之所以要从1慢慢数到6，是因为大脑需要这个时间差来等待脑前额叶启动并发挥作用。

此外，在科学育儿轴心工作坊中，我们还介绍了一些可以在6秒钟内做的事情，例如：

- 慢慢吞咽两口唾液。
- 从100开始倒着数数，数到98。
- 在心中默念“停”，停止一切思考。
- 盯住面前的任何东西，对之展开联想。

如果采取了以上措施之后还是怒气难消，那就果断离开那个地方，然后试着做以下事情：

- 躲到厕所里，等待怒气平息。
- 去厨房喝一杯凉水。
- 到外面去深呼吸，呼吸新鲜空气。

随着时间的推移，愤怒的情绪会逐步消退。

培养能让自己身心放松的兴趣与爱好

不要把育儿作为兴趣，这样做风险太大了

人如果无法消除压力，就会焦躁不安，分泌的血清素的质量也会变差，时常不安、担心。因此，我们需要在日常生活中做一些能消除压力的放松活动，如薰香、放一段喜欢的音乐、做些伸展运动等。同时，一定要培养自己的兴趣与爱好。

当被问及有什么兴趣爱好时，很多做了父母的人往往会找不到答案，最后只好说是养育孩子。我个人觉得，这种回答非常糟糕。

父母眼里只有孩子，用尽了全部精力，即便是孩子，也难以承受。

孩子在习惯于包办的父母身边长大，自我肯定感就无法得到培养，他们无法与父母分开，即便长到四五十岁，也不能真正自立。

父母要配合孩子大脑的发育，适时放手，寻找属于自己的快乐。可以是兜风、看电影、欣赏舞台剧等既能一个人玩得

很开心，也能和家人一起享受的活动；可以是园艺、养鱼等需要付出一定劳动的活动；还可以是手工、摄影等艺术类活动。

一个人如果能够沉浸于自己的兴趣或爱好中，就不会把全部的时间和精力都放在孩子身上，自己也会更轻松，时常笑容满面。父母笑得多了，孩子的笑脸也会随之多起来。

其实，孩子是非常关注父母的，仅仅看到父母灿烂的笑容，就能极大地提升他们的自我肯定感。

只需要改变说话的声调，孩子就会带给我们惊喜

提高说话的声调，会更容易传达信息

亲子之间的交流从婴儿时期就开始了，孩子从小就会在说话之前观察妈妈的眼睛、看妈妈的嘴部动作，从中捕捉信息。所以，无论长到多大，孩子都能敏锐地感受到父母在以什

么样的表情、用什么样的声音和自己说话。

例如，大家在训斥孩子的时候，是不是内心也会打鼓，怀疑他们到底听进去没有？没错，孩子很可能什么都没听到。我们可以在训斥孩子之后再问一下他，他可能会说“我知道妈妈很生气，但不记得她说了些什么”，也就是说，虽然妈妈在训斥孩子，但信息根本就没有传达到孩子那儿去。

我们生气时，声音里充满了愤怒的情绪，表情也很可怕。这种情景下，孩子在看到妈妈的脸、听到妈妈声音的瞬间就不会再把注意力放在说话的内容上面了。

但是，同样是责备，如果只是提高一下音调，微笑着跟孩子说，也许他就会一下子把注意力集中在父母说的话上。

让我们来做一个实验，微笑着用比平时高 1 ～ 2 个音阶的声音询问孩子为什么不做作业。根据反馈，孩子们的反应从过去的“真烦人”，变成了“妈妈这样温柔地说话，我不能不听”。

用语欢快、积极，交流会更顺利

即便是同一个词，因为说话声音的大小、快慢以及说话者表情的不同，传达给孩子的信息也会完全不同。

同样都是“为什么还没有做作业”“补习资料打印出来了吗”“总是弄得乱糟糟的”“一点也不喜欢运动”这些责备的话，如果父母说话时微笑着，同时把声调提高，孩子就更容易接受。也就是说，只要我们说话时满含爱意，无论内容是什么，都能有效传递到孩子心里。

在育儿的问题上轻松与否其实与父母说话时的表情和声音密切相关。

尽管每个人的声音都不同，但那些与孩子交流不畅的父母有一些共性，例如，说话的时候不喜欢与对方进行眼神交流、表情阴郁、声音低沉等。

当然，孩子太调皮，必须让他停下的时候，用缓慢、低沉的声音说话，孩子更容易明白。但大多数时候，还是用欢快、积极一些的声音更好。

为了能与孩子进行更有效的交流，请各位父母一定要参考本书每章末“声音训练”介绍的内容，并坚持练习。相信你会得到提升说话技巧和亲子关系改善的双重惊喜。

提升父母的自我肯定感，做孩子成长过程中的灵魂陪伴者

培养孩子，就是要不断提升自己，努力做孩子成长过程中的灵魂陪伴者。这是译者在翻译完本书之后心中最深切的感受。但是，如何做好这个“灵魂陪伴者”，是对所有父母的巨大挑战，这似乎并不会因社会的发展水平、父母的受教育程度、经济地位与社会地位的不同而有所不同。

同时，我们也非常遗憾地发现：古今中外，“父母专业”恰恰就是缺乏考核标准就能上岗的专业。且伴随社会发展而不断升级的生育率低、老龄化的社会现状，更使得没有哪个政府有勇气出台“必须获得父母专业的合格证书，才有资格结婚生子”这样的政策。但事实上，“父母”是任你如何用心做准备都不为过，却往往在缺少必要准备的情况下就不得不上岗，且终身无法“辞职”的工作。所以，为人父母，首先就要做好边“上岗”边学习提升，并接受终身教育的心理准备。

在翻译过程中，译者越来越深切地认识到，本书就是理论与实践相结合，奉献给当今时代父母们的一本重要的“自我成长手册”和“育儿指导书”。

作为儿科医生和脑科学研究者，成田奈绪子博士用自己的研究成果和实践经验告诉我们：生理之脑的育成是培养孩子自我肯定感的起点。如果孩子的大脑正常发育，即便没有刻意培养，孩子也会成长为具备真正自我肯定感、聪明且生命力旺盛的人。“培养孩子的自我肯定感”的核心理念，并没有多么高深晦涩，译者将其归结为“三好”加“一好”：于孩子而言，可归结为童年时期做到“好好吃饭”“好好睡觉”“好好运动”（三好）；于父母而言，则是“好好说话”（一好）。但是，对当今时代的父母和孩子来说，这恰恰是被忽略或者说是难以做到的部分。

孩子是父母一生最重要的“作品”，望子成龙、望女成凤是做父母的本能。自从孩子来到世间，父母的喜怒哀乐，没有一天不与孩子的成长紧密相关。我们都希望自己有能力在孩子成长过程中创造一切条件，让孩子生活得阳光快乐、活泼健康、聪明自信、富有责任心、具有旺盛的生命力；我们盼望着孩子在长大成人进入社会之后，坚强乐观、情绪稳定、自强自立、事业有成；我们期待着孩子将来成家立业之后，能与家人相亲相爱、与同事互帮互助、与朋友和谐相处、与爱人幸福美满。但事实上，父母对子女的教育，绝非仅凭一份真挚的爱就能获得成功。育人先育己，翻译本书的过程，还让我领会到了父母作为孩子第一任教育者的“自我教育责任”。在本书中，成田奈绪子博士不仅从父母的角度帮助人们充分认识到父母的正确言行在教育子女过程中的重要性，更是使用循循善诱的语言，理论结合实际地帮人们搞清楚了哪些是父母必须具备的素质和知识，在孩子成长的不同阶段父母最应该关注的是哪些方面，对于孩子的表现，做出什么样的反应才算是真正合格的父母。

教育贯穿人的一生，但教育绝非是仅凭一腔热情就能完成的事业。译者身为一名高校教师，有幸在近 30 年的教育生涯中接触了形形色色的孩子和他们的家庭。这些孩子中，既有家庭条件优渥、品学兼优、多才多艺的传统意义上的优秀学生，也有在学习道路上吃尽苦头、让父母和老师都头疼不已的

“问题学生”。可同时，与在校以及毕业后学生们的长期交流中我发现，有很多看起来阳光快乐、积极上进的孩子，内心却可能充满着令人心疼的挣扎、迷茫与压抑；而很多在学校中的所谓“问题学生”，却能在步入社会后如鱼得水。同时，大学生的心理健康问题，已经成为困扰当代家庭幸福与学校发展的重要问题。因此，尽管译者的教学、研究等工作压力很大，当接到这本书的翻译邀约时，我马上意识到，这是一本难得的、能够为当今时代父母和教育工作者提供切实指导的重要参考书，我几乎是毫不犹豫地接下了任务。我很期待本书在中国的出版，能够为当代父母和学校的教育工作助一臂之力。

本书的翻译工作基本上是夜以继日一气呵成的。随着翻译工作的推进，同样作为母亲的译者，越来越清楚地认识到，成田奈绪子博士是带着高度的社会责任感完成这部著作的，并体会到了自己有幸能与本书结缘，为中国父母育儿助力的荣誉感。我越来越深切地感受到，本书是每位父母都应该认真学习、领会并付诸实践的重要指南，因此非常希望它能够早日成为父母或即将上岗的准父母的枕边书，希望他们能够边学习理解，边实践应用，真正让自己成为孩子成长路上的“灵魂陪伴者”。

在本书的翻译过程中，我的爱人李杰先生提出了很多宝贵的意见，他也对终稿进行了逐字逐句的核对与修改。我女儿刚进入大学，她作为第一读者，不仅从读者和孩子的视角，就此书的内容与我认真地进行了探讨，还针对本书翻译中的问题提出了很多有意义的见解，让我认识到这本书不仅可以作为父母育儿的参考书，还可以作为年轻人自我培养的重要参考。感谢你们的陪伴与支持，使我能在繁忙的工作之余，利用自己的专业优势，为社会、为当今时代的父母在育儿与青少年成长上做出一点点力所能及的贡献。

管秀兰

2022 年 3 月 25 日

于银丰·山青苑

未来，属于终身学习者

我这辈子遇到的聪明人（来自各行各业的聪明人）没有不每天阅读的——没有，一个都没有。巴菲特读书之多，我读书之多，可能会让你感到吃惊。孩子们都笑话我。他们觉得我是一本长了两条腿的书。

——查理·芒格

互联网改变了信息连接的方式；指数型技术在迅速颠覆着现有的商业世界；人工智能已经开始抢占人类的工作岗位……

未来，到底需要什么样的人才？

改变命运唯一的策略是你要变成终身学习者。未来世界将不再需要单一的技能型人才，而是需要具备完善的知识结构、极强逻辑思考力和高感知力的复合型人才。优秀的人往往通过阅读建立足够强大的抽象思维能力，获得异于众人的思考和整合能力。未来，将属于终身学习者！而阅读必定和终身学习形影不离。

很多人读书，追求的是干货，寻求的是立刻行之有效的解决方案。其实这是一种留在舒适区的阅读方法。在这个充满不确定性的年代，答案不会简单地出现在书里，因为生活根本就没有标准确切的答案，你也不能期望过去的经验能解决未来的问题。

而真正的阅读，应该在书中与智者同行思考，借他们的视角看到世界的多元性，提出比答案更重要的好问题，在不确定的时代中领先起跑。

湛庐阅读 App：与最聪明的人共同进化

有人常常把成本支出的焦点放在书价上，把读完一本书当作阅读的终结。其实不然。

时间是读者付出的最大阅读成本

怎么读是读者面临的最大阅读障碍

“读书破万卷”不仅仅在“万”，更重要的是在“破”！

现在，我们构建了全新的“湛庐阅读”App。它将成为你“破万卷”的新居所。在这里：

- 不用考虑读什么，你可以便捷找到纸书、电子书、有声书和各种声音产品；
- 你可以学会怎么读，你将发现集泛读、通读、精读于一体的阅读解决方案；
- 你会与作者、译者、专家、推荐人和阅读教练相遇，他们是优质思想的发源地；
- 你会与优秀的读者和终身学习者为伍，他们对阅读和学习有着持久的热情和源源不绝的内驱力。

KODOMO NO JIKOKOTEIKAN WA OYA NO HITOKOTO DE KIMARU!

Illustrations by Setsumi NODA

First original Japanese edition published by PHP Institute, Inc., Japan.

Simplified Chinese translation rights arranged with PHP Institute, Inc. through Bardon Chinese Creative Agency Limited.

图书在版编目（CIP）数据

自我肯定，父母给孩子一生的礼物 /（日）成田奈绪子著；管秀兰译. -- 杭州：浙江教育出版社，2022.12
ISBN 978-7-5722-5017-0

Ⅰ. ①自… Ⅱ. ①成… ②管… Ⅲ. ①家庭教育 Ⅳ. ①G78

中国版本图书馆CIP数据核字(2022)第239828号

浙江省版权局
著作权合同登记号
图字:11-2022-197号

上架指导：脑科学 / 科学教养

自我肯定，父母给孩子一生的礼物
ZIWO KENDING, FUMU GEI HAIZI YISHENG DE LIWU
[日] 成田奈绪子　著
管秀兰　译

责任编辑：刘姗姗
美术编辑：韩　波
责任校对：胡凯莉
责任印务：陈　沁
封面设计：ablackcover.com
出版发行：浙江教育出版社（杭州市天目山路 40 号　电话：0571-85170300-80928）
印　　刷：唐山富达印务有限公司
开　　本：880mm ×1230mm　1/32　　**插　　页**：1
印　　张：6.5　　**字　　数**：106 千字
版　　次：2022 年 12 月第 1 版　　**印　　次**：2022 年 12 月第 1 次印刷
书　　号：ISBN 978-7-5722-5017-0　　**定　　价**：69.90 元

如发现印装质量问题，影响阅读，请致电 010-56676359 联系调换。